Schriften aus dem Nachlaß · Band 2
Herausgegeben von Rainer Funk

Erich Fromm

Das jüdische Gesetz

Zur Soziologie
des Diaspora-Judentums

Dissertation von 1922

*Herausgegeben und bearbeitet von Rainer Funk
und Bernd Sahler*

WILHELM HEYNE VERLAG
MÜNCHEN

HEYNE SACHBUCH
Nr. 19/5053

Umwelthinweis:
Dieses Buch wurde auf chlor- und säurefreiem Papier gedruckt

Ungekürzte Taschenbuchausgabe
im Wilhelm Heyne Verlag GmbH & Co. KG, München

Printed in Germany 1996
Umschlagillustration: Archiv für Kunst und Geschichte, Berlin
Umschlaggestaltung: Atelier Adolf Bachmann, Reischach
Druck und Verarbeitung: Presse-Druck Augsburg

ISBN 3-453-09896-X

Inhalt

Vorwort

Die Doktorarbeit Erich Fromms entstand zwischen 1920 und 1922 bei Alfred Weber an der Badischen Ruprecht-Karls-Universität in Heidelberg. Nach dem Abitur, das Fromm im Frühjahr 1918 am Wöhler-Realgymnasium in Frankfurt am Main machte, studierte er zunächst zwei Semester Jura an der Universität Frankfurt. Zum Sommersemester 1919 wechselte er an die Universität Heidelberg und wohnte zunächst in der Bergheimer Straße 61, später im Haus Plöck 64.

Zwar war Fromm in Heidelberg noch bis zum Sommersemester 1920 in der juristischen Fakultät eingeschrieben, doch sein Studienbuch weist bereits im Sommersemester 1919 auch andere Interessen aus. Er belegte Vorlesungen zur Geschichte der Philosophie, über Praktische Nationalökonomie sowie über Wirtschaftsgeschichte. Im Wintersemester 1919/20 belegte er Vorlesungen und Übungen über Geld und Kredit, die Börse, das Handelsrecht, über Sozialpolitik und soziale Bewegungen, die Theorie des Marxismus und über Probleme der Sozialisierung. Zum Sommersemester 1920 wechselte Fromm schließlich die Fakultät und studierte Nationalökonomie bei Alfred Weber und Eberhard Gotein. Daneben hörte er Vorlesungen in Philosophie (bei Driesch und Rickert), Theologie (bei Dibelius) und Psychologie (bei Jaspers).

Das erkenntnisleitende Interesse bei der Wahl seines Dissertationsthemas war nicht in erster Linie von seinem Studium an der Universität bestimmt. Der Wunsch, über die soziologische Funktion des jüdischen Gesetzes im Diasporajudentum zu schreiben, ergab sich zum einen aus der persönlichen Problematik des zu dieser Zeit noch ganz nach den Vorschriften der jü-

dischen Orthodoxie lebenden Promovenden; sicher haben die Persönlichkeit und das Forschungsgebiet seines Doktorvaters Alfred Weber eine Rolle gespielt. Den stärksten Einfluß auf die Fragestellung und die Ausarbeitung der Dissertation hat vermutlich sein Talmudlehrer Salman Baruch Rabinkow gehabt, in dessen Wohnung in der Rahmengasse 34 Erich Fromm zwischen 1920 und 1925 fast täglich war, um mit ihm den Talmud und die jüdische Geschichte zu studieren, aber auch soziologische und kulturhistorische Fragestellungen zu erarbeiten.

Die unter dem Rektorat von Professor Karl Hampe ausgestellte und von Professor Curtius als Dekan der Philosophischen Fakultät unterzeichnete Promotionsurkunde hat den Wortlaut: „Die Philosophische Fakultät hat dem Herrn Erich Fromm, geboren 1900 zu Frankfurt a. M. Titel und Würde eines Doktors der Philosophie verliehen. Die vorgelegte wissenschaftliche Abhandlung ‚Das jüdische Gesetz. Ein Beitrag zur Soziologie des Diasporajudentums' ist genehmigt und die mündliche Prüfung am 20. Juli 1922 abgelegt worden. Die Fakultät hat das Gesamtergebnis beider Leistungen als sehr gut (2. Grad) anerkannt. Fachvertreter war Professor Dr. Alfred Weber. Gegenwärtige Urkunde ist zu Heidelberg im 540. Jahr seit der Gründung der Universität am 4. September 1925 vollzogen worden." (Original im Erich-Fromm-Archiv in Tübingen)

Warum wurde die Dissertation Erich Fromms nicht schon früher veröffentlicht? Im Gegensatz zu heute gab es früher noch keinen Druckzwang. Außerdem ist die an der Heidelberger Universitätsbibliothek vorliegende maschinenschriftliche Kopie der Arbeit vom Formalen her nicht für eine Veröffentlichung zubereitet; sie hat weder ein Inhaltsverzeichnis noch Zwischenüberschriften und nur ganz ansatzweise eine Gliederung; sie entspricht auch sprachlich und stilistisch sowie hinsichtlich der formalen Anforderungen (Genauigkeit und Einheitlichkeit der Zitationstechnik usw.) nicht den heute üblichen Standards. Fromm selbst war in den späteren Jahren zu sehr mit anderen Fragestellungen befaßt, als daß er an eine Überarbeitung und

Veröffentlichung gedacht hätte. Hinzu kam, daß sich Fromm Mitte der zwanziger Jahre von der Lebenspraxis der jüdischen Religion abwandte, daß er aus Deutschland emigrierte und seit 1933 im amerikanischen und mexikanischen Kulturraum lebte.

Daß die Dissertation jetzt, fast 70 Jahre nach ihrer Entstehung, doch noch veröffentlicht wird, ergibt sich aus der Bedeutung, die dieses früheste Dokument Frommschen Denkens für sein späteres wissenschaftliches und humanistisches Denken hat. Auch wenn Fromm für seine Doktorarbeit noch nicht das Instrumentarium der psychoanalytischen Theorie Freuds kannte, so ist sein erkenntnisleitendes Interesse bei der Untersuchung dessen, was das Diasporajudentum verbindet, bereits eindeutig sozialpsychologisch.

Die Doktorarbeit zeigt nicht nur, wie Fromm den einzelnen als gesellschaftliches Wesen versteht und deshalb Ende der zwanziger Jahre zu einer ganz eigenständigen Verbindung von Psychoanalyse und Soziologie kommen konnte. Sie illustriert auch, daß Fromm von Anfang an eine bestimmte Option für die Beurteilung gesellschaftlicher Erscheinungen kennt. Wo gesellschaftliche Entwicklungen dem „Geist" des jüdischen Gesetzes zuwiderlaufen, gilt es, sich gegen den gesellschaftlichen Zeitgeist zu entscheiden. Der „Geist" des jüdischen Gesetzes aber läßt sich am besten umschreiben mit der „Option für das Humanum". Freilich spricht Fromm in seiner Dissertation noch nicht von Humanismus und humanistischer Religions- und Gesellschaftskritik. Der Sache nach geht es bei seinem theologischen Verständnis des jüdischen Gesetzes (das für die meisten von der christlichen Kultur geprägten Leser aufgrund falscher Vorverständnisse nur mit Mühe zu verstehen ist) aber um nichts anderes als um die Sicherung des Humanum.

Die Arbeit Fromms über die soziologische Funktion des jüdischen Gesetzes beim Diasporajudentum ist nicht nur für jeden, der sich mit dem späteren Schrifttum Fromms und mit den

Quellen seines Denkens ernsthaft auseinandersetzt, eine erhellende Schrift. Sie ist darüber hinaus ein äußerst lesenswertes Dokument jüdischer Geschichtsschreibung. Dies trifft besonders für Fromms kritische Charakterisierung der Reformbewegung und des liberalen Judentums um die Jahrhundertwende zu und für seine (lebenslange) Vorliebe für den Chassidismus.

Wie bereits angedeutet, zeigt das Manuskript, das dieser Veröffentlichung zugrundeliegt, eine Menge formaler Unzulänglichkeiten, die für die Drucklegung behoben werden mußten. An zahlreichen Stellen wurde der Text stilistisch geglättet und neu gegliedert. Da das Originalmanuskript kein Inhaltsverzeichnis und keine Überschriften enthält, wurden diese von den Herausgebern ergänzt. Editorische Ergänzungen innerhalb des fortlaufenden Textes sind jedoch eigens mit eckiger Klammer gekennzeichnet. An der Fachbegrifflichkeit wurden keinerlei Änderungen vorgenommen. Sofern jemand an einer stilistischen oder sprachlichen Untersuchung der Dissertation interessiert ist, sollte das Originalmanuskript, das an der Universitätsbibliothek Heidelberg (und in Kopie im Erich-Fromm-Archiv in Tübingen) liegt, herangezogen werden.

Sämtliche Zitate wurden anhand der Originale überprüft und bei Bedarf korrigiert. Der Wortlaut der Zitate entspricht immer dem Original, also auch dann, wenn das Original ein antiquiertes Deutsch enthält. Die Bibelzitate folgen dem Wortlaut, den Fromm zitiert, und nicht den christlichen Bibelausgaben. Hingegen wurde der Nachweis der Schriftzitate gemäß den in den Bibelwissenschaften üblichen Abkürzungen geführt (zum Beispiel: Ex = 2. Buch Mose; Dtn = 5. Buch Mose). Die Zitate aus dem Babylonischen Talmud entstammen verschiedenen deutschen Talmudausgaben und werden jeweils mit der Traktatbezeichnung nachgewiesen.

Die Hauptlast bei der Aufarbeitung des Manuskripts für die Veröffentlichung lag bei Bernd Sahler, dem Mitherausgeber dieses Bandes. In unermüdlicher Kleinarbeit hat er die meisten

Zitate in den Originalausgaben verifiziert und verbessert und zahlreiche Verbesserungsvorschläge für die Textgestaltung gemacht. Ihm spreche ich an dieser Stelle meinen besonders herzlichen Dank aus. Für das Korrekturlesen und manche Verbesserungsvorschläge möchte ich außer Bernd Sahler auch Dr. Peter Honigmann und meiner Frau, Renate Oetker-Funk, danken.

Tübingen, im Sommer 1989 *Rainer Funk*

I. Die Bedeutung des Gesetzes im Judentum

1. Das erkenntnisleitende Interesse und der Erkenntnisgegenstand der vorliegenden Arbeit

Seit der Zerstörung des zweiten Tempels ragt das jüdische Volk in die Welt der vorderasiatisch-europäischen Völker hinein als eine geheimnisvolle und unfaßbare Tatsache geschichtlichen Lebens. Geheimnisvoll und unfaßbar deswegen, weil sich keine Möglichkeit zu bieten scheint, Parallelen zu ihr aufzufinden oder sie in bekannte historische Bezüge einzuordnen. Das Grauen, das der einfache vorwissenschaftliche Mensch beim Anblick der Juden empfand, hat in der Gestalt des Ahasver, des ewigen Juden, seinen erschütternden Ausdruck gefunden. Die Unmöglichkeit, diese scheinbar nicht zugängliche Erscheinung zu erfassen, zeigte sich und zeigt sich noch heute in der Tatsache, daß auch die „wissenschaftliche" Beschäftigung mit dem Judentum politischen Interessen (anzugreifen oder zu verteidigen) nur selten entrückt ist.

Die Eigenart des Diasporajudentums läßt sich etwa so kennzeichnen: Trotz Verlustes von Staat, Territorium und einer Profansprache hat das Judentum als verwandtschaftliche und schicksalsmäßig einheitliche und kontinuierliche Gruppe fortbestanden, die ihre Kraft vornehmlich auf Durchtränkung des Gesellschaftskörpers mit der ihr aufgegebenen religiösen Idee konzentrierte. Das Festhalten an der angestammten Religion geschah, ohne daß es zu einer Kirchenbildung führte. Das Judentum konnte mitten unter den anderen Völkern weiterleben, innerhalb und doch außerhalb ihrer Welt stehend. „Ich will mit Euch handeln und wandeln, mit Euch stehen und gehen und was dergleichen mehr ist; aber ich will nicht mit Euch essen, mit Euch trinken, noch mit Euch beten." (Shakespeare, *Der Kaufmann von Venedig*, 1. Akt, 3. Szene.)

In der Terminologie von Alfred Weber (1921) ausgedrückt heißt dies: Das Diasporajudentum als solches hat, obwohl es stets in den Zivilisationsprozeß der Wirtsvölker eingebettet war, in seinem Gesellschafts- und in seinem Kulturkosmos ein Eigenleben und eine Eigengesetzlichkeit entfaltet, die seinen Fortbestand als einheitlichen Geschichtskörper gewährleistet haben.

In der vorliegenden Arbeit soll zunächst die Beziehung des „Gesellschaftskörpers" zur „Seele" des jüdischen „Geschichtskörpers" analysiert werden, um dann aufzuzeigen, in welch außerordentlich hohem Maße hier eine Durchtränkung stattgefunden hat. Hierbei werden wir auf das jüdische Gesetz als Ausdruck dieser soziologischen Struktur des Geschichtskörpers stoßen und es im Hinblick sowohl auf seine religiösen Grundlagen als auch auf seine Funktion innerhalb der Korrelation zwischen Volk und religiöser Idee analysieren.

Das Schicksal, das der jüdische Gesellschaftskörper bei seinem Zusammenstoß mit fremden Geschichtskörpern genommen hat, wird deutlich am Schicksal des Gesetzes; es soll bei drei besonders charakteristischen Tatsachen der jüdischen Geschichte näher untersucht werden: dem Karäismus, der Reform und dem Chassidismus.

Der Karäismus, eine Sektenbewegung auf babylonischem Boden, die im 8. Jahrhundert entstand, entwickelte sich, wie gezeigt werden soll, aus der Einwirkung wirtschaftlicher Tatsachen auf die Struktur der jüdischen Gesellschaft und die hierbei hervorgerufenen Veränderungen. Zwar blieb der jüdische Gesellschaftskörper als ganzer intakt, doch entstand in der Folge eine Sekte, deren soziologische Differenz vom Judentum noch eine geringe ist.

Ganz anders verhält es sich mit der Reform der westeuropäischen Juden im 18. und 19. Jahrhundert. Hier prallen zwei Geschichtskörper aufeinander: der jüdische und der bürgerlich-kapitalistisch-europäische. Hier wird sich die Richtigkeit der These von Alfred Weber erweisen, daß die Kulturbewegung einmalig und in sich geschlossen ist, so daß es hier auch keine Kompromisse gibt. Es wird zu zeigen sein, wie der Zusammenprall mit dem Sieg der bürgerlich-kapitalistischen Kultur endet, und es wird festzustellen sein, daß mit dem Siege der fremden Kultur auch der Gesellschaftskörper entscheidend verändert wird. Schließlich gilt es zu untersuchen, in welcher Weise diese Veränderung vor sich geht und in der Reform des Gesetzes ihren Ausdruck findet.

Beim Chassidismus soll gezeigt werden, daß tatsächlich der jüdische Geschichtskörper so sehr sein Eigenleben bewahrt hat, daß er im 18. Jahrhundert in einem völlig fremden Gesellschaftskörper, von dem er allein die Zivilisationselemente übernommen hatte, eine gesellschaftliche und kulturelle Bewegung hervorbringen konnte, die völlig dem Kultur- und Gesellschaftskosmos des Judentums entquoll.

Mit der vorliegenden Arbeit wird erstmals versucht, das Diasporajudentum als Erkenntnisobjekt einer Kultursoziologie zu verstehen und es soziologisch zu untersuchen. Von den bisher vorliegenden Arbeiten seien neben einer Fülle journalistisch-politischer Versuche nur folgende charakteristische erwähnt: die soziologische Untersuchung Max Webers (1921), die dem antiken Judentum gilt, nicht aber das Diasporajudentum zum Gegenstand hat, obwohl sie in mancher Hinsicht bereits die Problemstellungen für die vorliegende Arbeit aufzeigt. Werner Sombarts Arbeit *Die Juden und das Wirtschaftsleben* (1911), versucht zwar, das Diasporajudentum soziologisch zu erfassen, doch wird er dabei dem Judentum als religiös-gesellschaftliche Erscheinung nur mit so unzureichenden Mitteln gerecht, daß diese Seite des Problems von ihm lediglich eine geringe Förderung erfahren hat.

Einen vorsoziologischen Versuch stellen manche Schriften von Martin Buber (1916 und andere) dar; diese Schriften leiden aber daran, daß Buber nicht das Judentum selbst zum Erkenntnisobjekt macht, sondern nur besondere, von ihm geschätzte Erscheinungen innerhalb des Judentums. Das Judentum als ganzes, in seiner nationalen und religiösen Eigenart und Totalität, hat Hermann Cohen zum Objekt nicht einer soziologischen, sondern seiner philosophischen Erkenntnis gemacht in seinem nachgelassenen Werk *Die Religion der Vernunft aus den Quellen des Judentums* (1920). Dieses Werk hat der vorliegenden Arbeit manche fruchtbare Anregung gegeben.

2. Das jüdische Volk und sein Gesetz

a) Die Bedeutung des Religiösen für den Zusammenhalt des jüdischen Volkes

Der jüdische Geschichtskörper stellt eine Korrelation dar zwischen der verwandtschaftlichen und schicksalsmäßigen Einheit einerseits und der religiösen andererseits, oder anders ausgedrückt, zwischen der physischen und der metaphysischen Einheit des Volkes. Beide Bindungen sind ihrer Entstehung nach voneinander unabhängig, entstammen verschiedenen Sphären, und die Geschichte des Volkes ist die Geschichte ihrer Wechselwirkung. Aufgrund des selbständig bestehenden Volkskörpers wurde der „Religion" jene Aufgabe abgenommen, die etwa die katholische Kirche übernehmen mußte, nämlich für die Erhaltung und Ausbreitung der gesellschaftlichen Gruppe, von der die Religion getragen wird, zu sorgen. Im Judentum muß der religiöse Inhalt nicht aus sich heraus die gesellschaftlichen Bedingungen schaffen, die die Erhaltung der Gruppen garantieren. Vielmehr war der Bestand der Gruppe durch die Tatsache ihrer autonomen, blutsverwandtschaftlichen und völkischen Bindungen gewährleistet. Es brauchte keine Dogmatik und keine Kirche, um das Gruppenverhalten zu sichern. Der religiöse Inhalt konnte seinem Wesen entsprechend eine individuelle Kategorie bleiben. Die der Kirche immanente Problematik der Vergesellschaftung des Religiösen und des dauernden Kampfes dagegen (vgl. Reformation!) blieb dem jüdischen Volk erspart.

Auf der anderen Seite gab der religiöse Inhalt dem Volk als physischer Einheit eine ganz bestimmte Richtung des Schaffens. Er nahm ihm die Tendenz einer Ausbreitung in der Sphäre „dieser Welt“, in der Sphäre wirtschaftlicher und militärischer Macht, und lenkte all seine Kraft auf das Gebiet religiösen Schaffens. Die Frage, ob der Zwang der weltpolitischen Situation oder der freie Wille des Volkes die *prima causa* ist, bleibt hier unerörtert. Offensichtlich wich das Ideal des mächtigen weltlichen Königs dem Ideal des Messias. Durch diese Hinlenkung aller Kräfte des Volkes auf die Sphäre des religiösen Schaffens, die mit den Propheten beginnt, deren praktische Durchführung Esra einleitet und die Männer der Mischna abschließen, wird der Volkskörper befähigt, selbst die schwersten politischen Schläge zu ertragen, die zweifellos den Untergang anderer, vorwiegend diesseitig orientierter Völker zur Folge gehabt hätten. Der entscheidende Kampf zwischen Rom und dem zweiten jüdischen Staat war nur scheinbar der Kampf zwischen zwei Staaten. In Wirklichkeit zerstörten die Römer nur eine Attrappe, ein Gehäuse, das für den jüdischen Geschichtskörper im Gegensatz zum römischen ganz unwichtig war, so daß der jüdische Geschichtskörper auch nicht ernsthaft in Gefahr kam.

Eine wirkliche Gefahr drohte immer erst dann, wenn dem jüdischen Volk die natürlichen Grundlagen seiner Existenz genommen wurden, nicht aber, wenn ihm die politisch wertvollen Grundlagen reduziert wurden, etwa durch die Zusammensiedlung auf einem verhältnismäßig geschlossenen Gebiet bei wirtschaftlich und rechtlich gerade noch erträglichen Lebensbedingungen. Diesen Zustand gab es schon immer in der jüdischen Geschichte. Auf das Zentrum in Palästina (bis etwa 200 n. Chr.) folgte das in Babylonien (bis 1000 n. Chr.), dann das in Spanien (bis 1500 n. Chr.), dann das in Rußland und Polen (bis 1800 n. Chr.). In all diesen Zentren war bei verschiedener Gestaltung der wirtschaftlichen, politischen und rechtlichen Situation der Juden doch der Bestand des Volkskörpers als physischer Einheit gewährleistet. Erst seit über einem Jahrhundert fehlt ein solches Zentrum, und damit wird in immer steigendem Maße dem religiösen Inhalt des jüdischen Volkes eine Funktion zugemutet, die ihm fremd ist: die äußere Erhaltung der Gruppe zu garantieren, das heißt, zur Kirche zu werden.

Aufgrund der Wechselwirkung zwischen religiösem Inhalt und blutsverwandtschaftlicher und völkischer Bindung brauchte es weder die Bildung einer Kirche noch eines Staates als Ausdrucks wirtschaftlicher und militärischer Machtentfaltung. Vielmehr kam es aufgrund dieser Wechselwirkung zu einer Durchdringung des Gesellschaftskörpers durch die „Seele" des Geschichtskörpers, und zwar mit einer so ungeheuren Penetranz, daß der Gesellschaftskörper in seiner ganzen Breite und Tiefe von der Kultur des ethischen Monotheismus erfaßt und geformt wurde.

Das Bindeglied der Korrelation zwischen dieser physischen und metaphysischen Einheit, der Ausdruck also der Durchdringung des Gesellschaftskörpers durch die „Seele" des Kulturkörpers, ist das Gesetz. Es hat nicht die Aufgabe, der Kirche den Bestand der Gruppe zu garantieren, sondern es rechnet mit dem autonomen Bestand des Volkes als Voraussetzung und hat dann vielmehr die Funktion, das Volk als blutsverwandtschaftlich gebundene Gruppe mit der ihm immanent sein sollenden religiösen Idee zu verbinden und diese Idee zu einer dauernden und unzerreißbaren Idee zu gestalten.

Es ergibt sich von vornherein folgender Charakter des Gesetzes: Es soll seinem Inhalt nach ein für alle Glieder des Volkes verbindliches und in Anbetracht der Wahrung der religiösen Individualität des Einzelnen mögliches Normensystem sein, das seinerseits seine Wurzeln in der religiösen Idee hat, die dem

Volk innewohnen soll. Die religiös-sittliche Grundeinstellung wird nicht zu einem theologischen System geformt, sondern geht unmittelbar in die Halacha, das Gesetz ein. Dieses wird so stärkster Ausdruck des religiösen Gefühls, welches seine Formung nicht im Reich der Gedanken findet, sondern in einem nationalen, gesellschaftlichen, „wertrationalen" (Max Weber) Handeln.

Der Zeit nach liegt die physische vor der religiösen Bindung. Als blutsverwandtschaftlich gebundene Sippe wandert das Volk Israel nach Kanaan, von dort nach Ägypten. „Die Söhne Israels wurden fruchtbar, so daß das Land von ihnen wimmelte. Sie vermehrten sich, wurden sehr zahlreich und füllten das Land." (Ex 1,7) Doch „erst in der bewegten Zeit, die dem Auszuge aus Ägypten voraufging, und während des Aufenthaltes in der Wüste, der darauf folgte, entstand der Bund der Stämme, die später das Volk Israel ausmachten" (J. Wellhausen, 1895, S. 16).

Zu der physischen Bindung des Blutes tritt die Gemeinsamkeit ihrer ökonomischen Lage und ihres äußeren Schicksals. Als ihre unerträgliche wirtschaftliche Lage sie zur Revolution treibt, zum gemeinsamen Befreiungskampf gegen Ägypten, haben wir durchaus noch den Typus der rein physischen Truppe vor uns. Aber in dieser aus rein ökonomischen Ursachen entstandenen Revolution liegt die Entstehung der metaphysischen Bindung des Volkes. Diese geschah durch das Ereignis am Sinai, die Verkündigung des Gesetzes und den Willen des Volkes, sich als Volk Gottes zu fühlen. „Moses hat den idealen Charakter des Volkes begründet und normiert dadurch, daß er ihm das Gesetz gab" (J. Wellhausen, 1895, S. 16). Diese physisch-religiöse Einheit, diese religiöse und völkisch gebundene Doppelheit wird wohl nirgends stärker ausgedrückt als in Ex 19,6: „Ihr aber sollt mir als ein Reich von Priestern und als ein heiliges Volk gehören."

Die endgültige Loslösung des jüdischen Gesellschaftskörpers vom Staat und damit der Verzicht auf alle „Diesseits"-Ausdehnung ist die Tat Rabbi Jochanan ben Zakkais. Als Jerusalem im Jahre 70 n. Chr. von den römischen Heeren belagert wurde, gehörte er zur Friedenspartei und mahnte zur einstweiligen Unterwerfung, um Jerusalem und den Tempel vor der Zerstörung zu bewahren. Aber alle Versuche, die Kriegspartei zum Nachgeben zu bewegen, schlugen fehl. Da griff er zu einem Gewaltmittel und ließ sich von seinen Jüngern in einem Sarg durch Jerusalems Tore in das feindliche Lager der Römer tragen, um auf eigene Faust mit dem Feind zu verhandeln. Er bat um die Stadt Jamnia mit ihren Weisen zur Rekonstituierung des Synhedrions und zur Begründung eines Lehrhauses. Die Bitte wurde ihm gewährt. Er übersiedelte mit seinen Schülern nach Jamnia, wohin ihm dann die Nachricht vom Fall Jerusalems überbracht wurde. Damit ist die grundlegende Eigenart des rabbinischen Judentums geschaffen. Das Volk lebt ohne Staat und späterhin ohne gemeinsames Territorium und ohne gemeinsame lebendige Sprache. Es vermag zu leben, physisch allein durch das Blut und das Schicksal gebunden, weil seine Schwerkraft in der Sphäre des Metaphysisch-Religiösen liegt. Rabbi Jochanan ben Zakkai drückte das klar aus, wenn er sagt: „Wohin Israel vertrieben wird, zieht Gott mit." Rabbi Jochanan ben Zakkai und seine Nachfolger zogen auch die praktischen Konsequenzen aus der veränderten Situation. Das Synhedrion zu Jabne [Jamnia] erhielt die volle Autorität einer Oberbehörde der Juden Palästinas. Das Tempelopfer wurde endgültig durch das Gemeindegebet ersetzt und so die völlige Loslösung vom Staat vollzogen.

b) Der religiöse Inhalt des Gesetzes

Fragt man, was der metaphysische Sinn, also der religiöse Inhalt des jüdischen Volkes sei, so findet man eine ganze Anzahl von Formulierungen, die in der Sache immer ein gleiches, einfaches Großes ausdrücken: den Gedanken der metaphysischen Realität der Wirklichkeit und Einheit Gottes im Gegensatz zur Unwirklichkeit von allem nur physisch Seienden, wie er sich im Glauben an den Messias ausdrückt. Dieser Glaube an den Messias ist ein Glaube an einen Zustand, in dem alle Menschen Gott als Einheit und Wirklichkeit erkennen; er verpflichtet das jüdische Volk, auf dieses Ziel als den Sinn und Zweck aller Geschichte hinzuarbeiten.

Gott offenbart sich Moses als der Gott seiner „Väter, Abrahams, Isaaks und Jakobs“ (Ex 3,6). Erst als Moses ihn auf die Unfähigkeit des Volkes hinweist, einem namenlosen Gott zu glauben, offenbart er seinen Namen mit: „Ich bin der ich bin“ (Ex 3,14), der Seiende. Am Sinai offenbart sich Gott dem Volk mit: „Ich bin der Ewige, dein Gott, der ich dich herausgeführt habe aus dem Lande Ägypten, aus dem Hause der Knechtschaft“ (Ex 20,2). Endlich sei noch eine dritte Formulierung aus dem Pentateuch erwähnt: „Höre Israel, der Ewige unser Gott, der Ewige ist einzig.“ (Dtn 6,4) Dieser Satz ist das Bekenntnis, mit dem der Jude stirbt. Er ist der stärkste und tiefste Ausdruck biblischer Religiosität, und doch ist er alles andere als ein Dogma, das den Glauben einer ganz bestimmten Aussage über Gott fordert.

Bei den Propheten treten zu den Sätzen, die den Glauben an Gott als den wahrhaft Seienden ausdrücken, noch solche hinzu, die den Glauben an den Messias – an die Gotteserfülltheit aller Menschen – ausdrücken. So sagt Hosea: „Dann werden zurückkehren die Kinder Israels und sie werden suchen den Ewigen, ihren Gott und damit ihren König, und sich hinängstigen zum Ewigen und seiner Güte am Ende der Tage.“ (Hos 3,5)

Amos sagt: „An jenem Tage werde ich aufrichten die Hütte Davids, die zerfallene, und ihre Risse vermauern und ihre Trümmer aufrichten und sie wieder bauen, wie in den Tagen der Vorzeit... Dann sollen Tage kommen – Spruch des Ewigen –, da holt der Pflüger den Schnitter ein und der Traubenkelterer den Sämann, da werden die Berge von Most triefen und alle Hügel zerfließen; dann bringe ich zurück die Gefangenen meines Volkes Israel, und sie werden verwüstete Städte wieder aufbauen und bewohnen, Weinberge aufpflanzen und Wein davon trinken, Gärten machen und Früchte daraus essen, und ich will sie in ihr Land einpflanzen, daß sie nicht mehr ausgerottet werden sollen, aus ihrem Lande, das ich ihnen gegeben," (Am 9, 11.13-15)

Der Prophet Micha (4,1-4) sagt: „Am Ende der Tage wird der Berg des Hauses des Ewigen gegründet stehen auf dem höchsten Berge und er wird erhaben sein über die Hügel, und es werden zu ihm strömen die Völker und viele Völker werden gehen und sprechen: Auf, laßt uns hinaufsteigen zum Berge des Ewigen und zum Hause des Gottes Jakobs, daß er uns lehre seine Wege und daß wir wandeln in seinem Pfade, denn von Zion geht die Lehre aus und das Wort Gottes von Jerusalem. Und er wird richten zwischen vielen Völkern und Recht sprechen zwischen mächtigen Nationen bis in die Ferne, und sie werden umschmieden ihre Schwerter zu Pflugscharen und ihre Spieße zu Winzermessern. Nicht wird erheben ein Volk das Schwert gegen das andere, das Schwert und sie werden nicht mehr lernen den Krieg, und sie werden sitzen ein jeder unter seinem Weinstock und unter seinem Feigenbaum und niemand wird sie aufschrecken."

Den höchsten Ausdruck findet der prophetische Universalismus wohl in den Worten Jesajas (19,23-25): „An jenem Tage wird ein Weg führen von Ägypten nach Assyrien, und Assyrien kommt nach Ägypten und Ägypten nach Assyrien und Ägypten wird mit Assyrien Gott dienen. An jenem Tage wird Israel das Heil sein zu Ägypten, und Assyrien ein Segen inmitten der Erde, den der Gott Zebaoth ausgesprochen: Gesegnet sei mein Volk Ägypten und meiner Hände Werk Assyrien und mein Erbe Israel."

Jeremia ruft: „Fürwahr, es kommt die Zeit – Spruch Gottes –, da will ich mit dem Hause Israel und dem Hause Juda einen neuen Bund schließen. Darin soll der Bund bestehen, den ich nach dieser Zeit mit dem Hause Israel schließen will – Spruch Gottes: Ich lege mein Gesetz in ihr Inneres und schreibe es ihnen ins Herz, und so will ich ihr Gott sein, und sie sollen mein Volk sein." (Jer 31,31-33)

Hören wir noch Ezechiel (36,25-27): „Und ich werde sprengen über euch reines Wasser, daß ihr rein werdet von all euren Unreinheiten, und von allen euren Götzen will ich euch reinigen; und ich werde euch geben ein neues Herz, und einen neuen Geist werde ich geben in euer Inneres; und ich werde entfernen das Herz von Stein aus eurem Fleische und werde euch geben ein Herz von Fleisch, und ich werde meinen Geist geben in euer Inneres."

Aus den hier wiedergegebenen Prophetenstellen wird ohne weiteres klar, was als der metaphysische Inhalt des Prophetismus anzusehen ist: Gotteserkenntnis und deren Ausbreitung auf Israel und die Menschheit, eine Gottesidee, die weit davon entfern ist, dogmatisch zu sein. Hier ist der starke Glaube an Gott, der Glaube an den Messias, aber kein Glaube an Aussagen über Gott oder an Aussagen über den Messias.

c) Der antidogmatische Charakter des jüdischen Gesetzes

Die religiösen Inhalte der Bibel und der Propheten sind auch die des ganzen späteren Judentums. Man hat immer wieder auf die biblisch-prophetischen Formulierungen zurückgegriffen und in ihnen die eigenen religiösen Inhalte ausgedrückt. Dabei war es für den jüdischen Geschichtskörper aufgrund seiner charakteristischen Korrelation von „Gesellschaftskörper" und „Kultur" weder notwendig noch möglich, eine Dogmatik zu entwickeln. Allerdings sollte man sich hüten, Dogmen mit gewissen bereits in der Bibel vorkommenden Formulierungen – etwa das „Höre, Israel, der Ewige unser Gott, der Ewige ist einzig" (Dtn 6,4) – zu verwechseln. Solche Formeln enthalten im Unterschied zu Dogmen keine Aussagen über Gott, die geglaubt werden sollen, sondern sind nur Ausdruck der religiösen Grundhaltung des Volkes und zugleich die Voraussetzung für alles andere Gebotene, bei dem es auch nicht um Glauben, sondern um das Handeln geht. H. von Schubert (1919, S. 76f.) sieht demgegenüber das Wesen des Dogmas in nachbiblischer Zeit nicht mehr im Glauben an eine Person begründet; Glaube wird vielmehr „die Zustimmung zu den Aussagen über diese Person".

Noch ein Zweites ist zu bedenken: Natürlich hat jeder Jude und zumal jeder geistige Führer des Volkes seine ihm eigene individuelle Weltanschauung gehabt. Es ist dann nicht verwunderlich, wenn mancher den Anspruch erhebt, seine Weltanschauung im Volke durchsetzen zu wollen. Unter soziologischen Gesichtspunkten ist aber nicht dieser Anspruch wichtig, sondern die Frage, ob er sich tatsächlich durchgesetzt hat, ob also der Glaube des Einzelnen zum Glauben der Gesamtheit geworden ist. Schließlich gilt es zu bedenken, daß der Anspruch auf dogmatische Glaubensbekenntnisse – mit einer Ausnahme vielleicht – erst im Mittelalter erhoben wurde, und zwar aus apologetischen und politischen Gründen im Zusammenhang mit der Abwehr fremder Religionen und Kulturen. Die Glaubensformulierungen wurden – wie in der Philosophie üblich – wie eine Waffe ergriffen, um den Kampf gegen die fremden Gegner möglich zu machen. Das Ganze war eine Art Mimikry, die beim Zusammenstoß mit fremden Kulturen nötig wurde. (Zur Frage der Dogmenbildung vgl. S. Schechter, 1889, S. 48-61 und 115-127.)

Etwas Ähnliches wie eine Glaubensformulierung finden wir in der jüdischen Literatur erstmals im Traktat Sanhedrin des Talmud, wo es heißt: „Dies sind die, die keinen Anteil an der kommenden Welt haben, die die Wiederauferstehung der Toten leugnen, die sagen, daß die Tora nicht von Gott gegeben ist, und die Epikuräer." – Abgesehen davon, daß dieser Satz schon seiner Unvollständigkeit wegen nicht als vollständige Dogmatik des Judentums angesehen werden kann, geht aus ihm auch hervor, daß die drei Glaubenserfordernisse aus polemischen Gründen angeführt werden. Auch S. Schechter (1889, S. 58), der den Glaubenscharakter des Judentums verteidigt, muß zugeben:

„Wenn die Rabbinen die drei Punkte aufstellten, so muß das irgendeinen historischen Grund gehabt haben." Denn es gibt auch diese Aussagen im Talmud (zit. nach S. Schechter, 1889, S. 57): „Wer den Götzendienst leugnet, wird Jude genannt. Der Jude, auch wenn er gesündigt hat, bleibt Jude."

Von Dogmen im eigentlichen Sinne kann erstmals bei der Sekte der Karäer, die sich vom Judentum abspaltete, gesprochen werden. Wir finden sie im Eschkol Ha-Kofer des Jehuda Hadassi (um 1150 n. Chr.), der sie seinerseits möglicherweise von dem Karäer Josef Alfasir (um 950 n. Chr.) ganz oder teilweise übernommen hat. Auch der Gründer des Karäismus, Anan ben David, hat offenbar eine dogmatische, in Arabisch geschriebene „Summe" verfaßt.

Lassen sich zum ersten Mal Dogmen bei einer vom Judentum abgefallenen Sekte finden, so stellen kurze Zeit später repräsentative Gelehrte des Judentums selbst Dogmen auf. Der Grund hierfür wird, wie auch S. Schechter (1889) annimmt, in den engeren Kontakten der Juden zu neueren philosophischen Schulen und Glaubensbekenntnissen zu suchen sein, sowie in dem Bemühen einzelner Gelehrter, sich mit diesen Glaubensbekenntnissen und Philosophien persönlich in der Weise auseinanderzusetzen, daß sie die Autorität des Judentums in Form eines theologischen Systems einbringen zu müssen glaubten.

Der erste Vertreter des Judentums, der ein Dogmensystem aufstellte, war der jüdische Religionsphilosoph Maimonides. Er formulierte dreizehn Glaubensartikel, von deren Anerkennung er die Zugehörigkeit zum Judentum abhängig machen wollte. Die Glaubensartikel von Maimonides fanden teilweise Anerkennung, teilweise wurden sie ergänzt oder gekürzt, teilweise wurde ihnen heftig widersprochen. So stellte Nachmanides nur drei Grundprinzipien des Judentums auf (die *creatio ex nihilo*, die Allwissenheit und die Vorsehung); Rabbi David ben Samuel d'estella (1320) sprach von sieben Glaubenssätzen, Rabbi David ben Jomtof Bilia fügte den dreizehn von Maimonides weitere dreizehn hinzu. Rabbi Josef kennt nur eine Grundglaubensforderung des Judentums. Endlich vertritt Rabbi Saul aus Berlin (gestorben 1794), ein Kritiker von Maimonides, daß Dogmen überhaupt nur mit Rücksicht auf die Notwendigkeit der Zeit gemacht werden können.

Die Dogmen haben tatsächlich keine weiterreichende Bedeutung bekommen, als individuelle Meinungsäußerungen einzelner Führer des jüdischen Volkes zu sein. Dies beweist vor allem die Tatsache der völligen Verschiedenheit der aufgestellten Dogmen. Während das Gesetz nur wenige eindeutige Kodifikationen gefunden hat, die für das ganze Volk *in praxi* verbindlich waren, entstand unter den jüdischen Gelehrten eine große Auseinandersetzung um die Glaubensartikel. Doch darüber ist es nie auch nur zur geringsten nationalen Spaltung und Absonderung gekommen. Es war ein rein theoretischer Streit, der heute nur noch historische und literarische Bedeutung hat. Das jüdische Volk selbst hat die Dogmen längst vergessen mit Ausnahme der dreizehn Glaubensartikel des Maimonides, die – zu einem Gedicht umgearbeitet – nach Beendigung des Gottesdienstes am Abend der Feiertage gesungen werden. Vergleicht man hiermit etwa die Rolle des Glaubensbekenntnisses im Islam oder in der katholischen bzw. protestantischen Kirche, so springt einem der Unterschied sofort in die Augen.

Um den rein theoretischen Charakter der Dogmen und ihre gesellschaftliche Bedeutungslosigkeit im jüdischen Volk zu illustrieren, mag die Kontroverse zwischen Maimonides und Rabbi Abraham ben David typisch sein. Auf die Bemerkung des Maimonides, daß derjenige, der nicht an die völlige Unkörperlichkeit Gottes glaube, keinen Anteil an der zukünftigen Welt habe, bemerkt Rabbi Abraham in seinem Kommentar zum Werk von Maimonides kurz: „Bessere und Größere als Du haben daran geglaubt!“

3. Von der Form im allgemeinen und dem jüdischen Gesetz im besonderen

Das jüdische Volk wird durch die gemeinsame Form des Gesetzes konstituiert, wobei das Gesetz der Träger des religiösen Inhalts ist. Welches ist die allgemeine Bedeutung der Form als gesellschaftliches Handeln – als formaler Ausdruck religiösen Inhalts verstanden – und welches ist ihre Beziehung zum Sinn?

Die Bedeutung der Form ist zunächst negativ in dem Schutz zu sehen, den sie gewährt. Sie schützt das Heilige, das sich in ihr birgt, den Inhalt, dem sie als Hülle dient. Der heilige Inhalt darf nur in seltenen Augenblicken unmittelbar ausgesprochen und enthüllt werden. In der Geschichte läßt sich immer wieder beobachten, daß dann, wenn heiligste Inhalte unverhüllt der Masse übergeben werden, sie immer mehr ihre Heiligkeit verlieren und schließlich als Plattheiten enden, die nur noch von Unwissenden im Munde geführt werden. Das Heilige darf nur im Augenblick der Weihe oder in der Heimlichkeit intimer Menschengemeinschaft gefahrlos ausgesprochen werden. Dies ist der tiefere Sinn des jüdischen Verbots, den Namen Gottes auszusprechen, und erklärt zugleich, warum es dennoch dem hohen Priester einmal im Jahr, in der Weihestunde des Versöhnungstages, erlaubt war, den Namen Gottes auszusprechen.

Die Form schützt den in ihr geborgenen heiligen Inhalt; sie schützt aber auch die Individualität des von diesem Inhalt erfüllten Menschen. Zwar läßt schon die Sprache, insofern sie die Form ist, in der ein Inhalt ausgedrückt wird, der Individualität des Einzelnen eine gewisse Freiheit, den Inhalt so zu verstehen und ihn sich neu zu schaffen, wie er allein es kann und muß; um wieviel größer ist aber die Freiheit, wenn der ungesagte Inhalt in der Form verhüllt bleibt. Erst dann kann der Einzelne diesen Inhalt ganz seiner Eigenart entsprechend gestalten, ohne dennoch – und hierin liegt eine weitere Bedeutung der Form – den

Zusammenhang mit den Menschen seiner Generation, mit der Gesamtheit des Volkes und mit den Generationen vor ihm und nach ihm, also den Zusammenhang mit der Geschichte zu verlieren. Formen sind unmittelbare Träger des „Sinns", sie sind Vermittler zwischen religiöser Idee und Gesamtheit. Sie wahren ebenso die Individualität des Einzelnen im Rahmen der Idee, wie den Zusammenhang der Gesamtheit und die Kontinuität der Geschichte.

Die Form gibt nicht den Inhalt selbst, sie deutet ihn nur an. Der Einzelne muß sie mit Inhalt erfüllen und immer wieder von neuem erfüllen. Er selbst muß Inhalt schaffen, muß schöpferisch, muß Künstler sein. Die Form erzieht Menschen, erzieht ein Volk zum Schöpfertum. Und nur ein schöpferisches Volk kann sinnvoll Formen leben. Ist ein Volk unschöpferisch, dann wird das Formensystem zum Formalismus. Versteht das Volk nicht mehr, daß die Form nur ein Vorletztes ist, wird sie ihm selbst zum Inhalt – und es müssen neue Propheten kommen, es zu erwecken.

Gemeinsame Formen erziehen zur Liebe. Liebe zielt auf den Menschen an sich, unabhängig von seiner Eigenart und Qualifikation. Die Form ist eine Bindung, die unabhängig von der Eigenart des Einzelnen ist. Sie schafft Gemeinsames zwischen den Menschen, zwischen guten und schlechten, armen und reichen, klugen und dummen. An der Fülle gemeinsamer Formen ist sowohl die Verbundenheit eines Volkes zu erkennen wie auch das Maß der Liebe, das in ihm ist. Aus der Gemeinsamkeit der sinnerfüllten Form erklärt sich auch die Eigenart der durch die Form gebundenen Masse. Dort, wo eine Masse durch keine oder nur durch unwesentliche Formen verbunden ist, da ist ihr gerade das triviale Geringwertige gemeinsam. Der Einzelne mag in ihr der Wertvolle, Sittliche sein, doch die Masse vieler solcher Einzelner ist unsittlich, ist zu Handlungen fähig, deren der Einzelne nie fähig wäre, weil jeder nur einen Teil der Verantwortung trägt und den größeren Teil auf alle anderen abwälzt.

Hat jedoch die Masse eine Gemeinsamkeit von Formen, die zum Heiligsten und Höchsten in Beziehung stehen, wird die Psychologie der Masse gerade umgekehrt sein. Mag der Einzelne zu Schlechtem fähig sein, die Masse, die Gemeinde ist heilig, weil die Menschen dadurch, daß ihnen gerade ihr Heiligstes gemeinsam ist, tiefe Ehrfurcht voreinander haben; sie wälzen auch nicht die Verantwortung auf den anderen ab, vielmehr wird ihre eigene Verantwortung durch seine Gegenwart noch erheblich verstärkt. Hierin liegt die Gegensätzlichkeit der Psychologie der formlosen europäischen Masse und der formgebundenen jüdischen Masse. Die Liebe schaffende Bedeutung des Gesetzes drückt Leopold Zunz (1843, S. 174f.) besonders schön aus: „So oft dann an unserm äußern Menschen das Symbol sichtbar wird, regt in dem innern sich die alte Liebe und zieht in ihre geweiheten Kreise Alle, die in gemeinschaftlicher Überzeugung mit uns sich erbauet, die mit dem religiösen Brauch uns Tugenden eingepflanzt haben; ja, es werden Alle uns nahe gerückt, die mit uns dasselbe Weh gefühlt, oder mit denen wir gleiches Leid tragen, und in ein Meer glühender Liebe versinkt und schmilzt die kalte Selbstsucht... Dahingegen wirst du, wenn deine Seele an dem religiösen Gesetze Ergötzen hat, denen zugethan bleiben, welche in demselben Gesetze dasselbe Heiligthum verehren.“

Was für die Form im allgemeinen gilt, gilt natürlich auch für das jüdische Gesetz im besonderen. Das Gesetz, das – wie bereits gezeigt wurde – Handeln, und nicht Glauben verlangt, ist für die Gesamtheit geschaffen, nicht für den Einzelnen, für das Volk, nicht für eine Schicht. Vor ihm sind alle gleich; es besagt einen inhaltlichen, nicht einen formalen Demokratismus. Das Judentum verneint prinzipiell eine nur für eine gesellschaftliche Schicht mögliche oder bestimmte Kultur; das Gesetz ist stärkster Ausdruck dieses Prinzips. Es soll dem ganzen Volke die Wege zum Ziel bahnen. Deshalb hat sich ihm auch der zu unterwerfen, der die Stützen des Gesetzes gar nicht nötig hätte, weil er den Weg zum Ziel alleine finden könnte. Gerade die Führer der Nation haben diesen Grundsatz mit ihrem Blute besiegelt, als sie zur Zeit der Hadrianischen Verfolgungen dem Volk erlaubten, bei Todesgefahr das Gesetz zu verletzen (es sei denn, es ging um Mord, Unzucht oder Götzendienst), und selbst aber, die sie gewiß am wenigsten des Gesetzes bedurften, von dieser Erlaubnis Gebrauch zu machen verschmähten.

Das Gesetz will Möglichkeiten schaffen, zum Ziel zu kommen, doch ist es nicht selbst das Ziel. Es ist, wie das Wort „Halacha" (von haloch = gehen) besagt, ein Weg. Dies bedeutet auch, daß man ohne ihn zum Ziel der Erkenntnis Gottes kommen kann. Er ist gewiß nicht das Ziel selbst. Er will vielmehr gegangen sein, verlangt dabei ein Schaffen des Menschen.

Während nun aber nur wenige sich den Weg zum Ziel selbst bahnen können, ist der einmal gebahnte Weg für die Gesamtheit des Volkes gangbar. Das Gesetz will die Umwelt verändern, nicht unmittelbar die Menschen. Dies wird wohl am deutlichsten beim Sabbatgesetz. Es ist in dem Gesetz – was sehr wohl denkbar wäre – nicht vorgeschrieben, welcher Stimmung der Jude am Sabbat sein soll, welcher Geist ihn beseelen und wie die Art seiner Freude und seiner Ruhe sein soll. Aber es wird ihm bis ins Einzelne befohlen, was er zu tun und zu lassen hat. Es verbietet nicht nur allgemein, daß er irgendwelche Arbeit verrichtet, sondern bis in kleinste Kleinigkeiten wird kasuistisch festgestellt, was erlaubt und was verboten ist. So ist dem Juden nicht nur verboten, zu kaufen und zu verkaufen, selbst das Berühren des Geldes und aller irgendwie werktäglichen Gegenstände ist ihm untersagt. Das Gesetz verändert die Umwelt des Juden am Sabbat. Es trennt ihn radikal von der werktäglichen Welt, die ihn sonst umgibt, und will ihm so die Möglichkeit zur inneren schöpferischen Ruhe geben. Das Gesetz will die Umwelt verändern, um dem Menschen die Möglichkeit zu geben, sich selbst zu ändern.

Träger des Gesetzes als ganzes ist das Volk. Die Ausübung des einzelnen Gesetzes ist dem Einzelnen, der Männergemeinschaft und der Familie übertragen. Die Stellung von Mann und Frau zum Gesetz ist verschieden. Für die Frau gilt das Gesetz mit Ausnahme all jener Pflichten, die an eine bestimmte Zeit gebunden sind. Dies hat wohl seinen Grund darin, daß gerade jene Gesetze, die an eine bestimmte Zeit gebunden sind, den Sinn haben, den Menschen aus seiner Zeitgebundenheit herauszureißen und ihn so zum Beherrscher der Zeit zu machen. Diese Notwendigkeit besteht für den Mann bei weitem mehr als für die Frau.

Soweit Gesetze nur den einzelnen betreffen und ihn nicht gleichzeitig als Glied der Männergemeinschaft erfassen, sind sie an Gelegenheiten geknüpft, die ihrer Eigenart nach auch jeweils nur den einzelnen betreffen wie etwa die Reinheitsgesetze, die Gesetze für die Eheschließung oder für den Todesfall.

Das Gesetz, dessen eigentlicher Träger die Männergemeinschaft ist, ist das Gebet. Es gilt zwar, daß auch der einzelne es mit einigen Abänderungen verrichten darf, doch ist seine eigentliche Stätte die Gemeinde der zehn Männer. In der Gemeinde ruht Gottes Herrlichkeit und in ihr drückt sich der gesellschaftliche Charakter des Judentums am deutlichsten aus. Dies wird vor allem am Versöhnungstag deutlich. Diesen Tag verbringt die Gemeinde, von Abend zu Abend fastend und betend, in ihre Sterbekleider gehüllt, um an ihm zu Gott zurückzukehren. Der Versöhnungstag hat ein bestimmtes Datum im Jahr. Doch wenn immer eine Gemeinde beschließt, in Gemeinschaft „die Rückkehr zu vollziehen“ und diesen Tag zu feiern, ist ihr dies möglich und gestattet, weil nicht der bestimmte Termin, sondern die Tatsache der Rückkehr der Gemeinde wesentlich ist. Der Talmud sagt, daß viele Vergehen, die durch die Buße des einzelnen keine Versöhnung finden können, erst in der Rückkehr der Gemeinde ihre individuelle Sühne und Aufhebung finden.

Als Trägerin des Gesetzes steht die Familie der Gemeinschaft der Männer gegenüber. Für sie ist wohl die Feier des Seder, die Erinnerungsfeier an die Befreiung aus Ägypten, besonders typisch. Alle nationale Schönheit und Größe ist hier zusammengefaßt, damit ihr im Kreis der Familie gedankt wird. Dies wird bereits im biblischen Gebot deutlich: „Da sprach Gott zu Aaron und Moses in Ägypten folgendermaßen: ‚Der gegenwärtige Monat soll für euch der Anfangsmonat sein, als erster unter den Monaten des Jahres soll er euch gelten. Sprecht zur ganzen Gemeinde Israels folgendermaßen: Am zehnten des gegenwärtigen Monats, da sollen sie sich je ein Stück Kleinvieh für jede Familie anschaffen.'" (Ex 12,1-3) Auch am Chanukkafest, dem Fest zur Erinnerung an die siegreichen Kämpfe der Makkabäer und der Einweihung des Tempels, befiehlt der Talmud, daß es in besonderer Weise in der Familie gefeiert werde.

Es läßt sich sagen, daß das, was seinen Grund in den individuellen Beziehungen zwischen Mensch und Gott hat, wie das Gebet, in die Gemeinschaft der Männer hineinverlegt wird und daß umgekehrt das, was seinen Grund im Gemeinschaftlichen, Nationalen hat, im Kreis der Familie beheimatet ist. Durch diese Wechselbindung wurde die Verschmelzung des Volkskörpers mit dem Gesetz und damit mit dem religiösen Inhalt befestigt und verstärkt.

Für das Judentum steht die „diesseitige Welt", die Welt der Körperlichkeit und Stofflichkeit, nicht im Kampf mit der „jenseitigen Welt", der Welt der metaphysischen Realität, sondern „diese" Welt steht im Dienste „jener" Welt, sie wird von ihr geformt und erfüllt. Das Verhältnis des Menschen zu beiden Welten wird am besten mit dem Begriff der „tätigen Weltheiligung" ausgedrückt. Das Gesetz soll hierfür den Weg bahnen; denn die Beherrschung dieser Welt und die Ermöglichung religiösen Schaffens sind die Bedingungen der Erkenntnis Gottes.

Bei den Gesetzen, deren Sinn die religiöse Beherrschung und Heiligung dieser Welt ist, sind zwei Gruppen zu unterscheiden: solche, die diese Beherrschung symbolisieren und dadurch mittelbar wirksam sind, sei es am einzelnen, sei es an der Nation, und solche, die diese Beherrschung unmittelbar schaffen sollen.

Jene Gesetze, die in erster Linie die In-Dienst-Stellung des einzelnen symbolisieren, haben gleichzeitig die Eigenart, Abzeichen des Bundes zwischen Gott und dem Volk zu sein. Zu ihnen gehört das Beschneidungsgebot, das wohl am stärksten die Heiligung des Menschen durch den Bund Gottes mit dem Volk Israel ausdrückt. Ferner gehört zu ihnen das Gebot, an den vier Ecken der Gewänder Schaufäden zu tragen: Denn „ihr sollt sie sehen und aller Gebote Gottes gedenken und sie befolgen; und ihr sollt eurem Herzen und eurem Auge nicht folgen, denen ihr nachbuhlt, damit ihr denkt und befolgt alle meine Gebote und heilig seid eurem Gotte.“ (Num 15,39f.) Endlich gehört hierher das Gebot der Tefillin [Gebetsriemen], jener Symbole, die in einem kleinen Würfel einzelne Abschnitte der Tora, auf Pergament geschrieben, enthalten; sie werden morgens beim Gebet um Kopf und Arm gebunden und sind ein Ausdruck von deren Heiligung. Auch beim Gebot der Mezuza [Türpfosten] werden Behälter mit kleinen Pergamentrollen, die Textstellen aus der Tora enthalten, an alle Türen des Hauses angebracht.

Jene Gesetze, die Ausdruck der göttlichen Bestimmung des Volkes sind, tragen historischen Charakter, weil mit ihnen an die großen historischen Ereignisse erinnert wird: die Feste zur Erinnerung an die Befreiung aus Ägypten, an die Gesetzgebung am Sinai und an manche andere bedeutsamen Ereignisse der Geschichte.

Gesetze, die erst in zweiter Linie einen symbolischen Charakter haben, in erster Linie jedoch selbst unmittelbar den Menschen zur Beherrschung dieser Welt erziehen wollen, sind vor allem das Speisegesetz, das Ehegesetz und das soziale Gesetz. Das Speisegesetz, das den Genuß von Tieren einschränkt und den Blutgenuß verbietet, will zur Beherrschung des Essens erziehen. Es will den Menschen zum Herrscher über die sich ihm zum Genuß darbietendene Tierwelt machen, indem sie ihn zum Diener eines Gesetzes macht. Dieselbe prinzipielle Bedeutung, den Menschen zur Beherrschung zu erziehen, hat für den Bereich der Sexualität das Ehegesetz mit seiner schroffen Regelung der Beziehung zwischen Mann und Frau. Endlich gehört hierher auch das soziale Gesetz, das die Abgabe des Zehnten fordert, das Stehenlassen der Ecken des Feldes befiehlt und die Nachlese verbietet. Anders als bei den vorgenannten Gesetzen wird hier nicht die Person, sondern das Vermögen in den Dienst des sittlich-religiösen Ziels gestellt.

Daß der Mensch als Bürger dieser Welt in den Dienst Gottes – oder, wie die bevorzugte Wendung lautet: unter „das Joch des Göttlichen Reiches" – gestellt ist, wird am eindrucksvollsten mit dem biblischen Satz ausgedrückt: „Du sollst lieben den Ewigen, deinen Gott, mit deinem ganzen Herzen, mit deiner ganzen Seele und mit deinem ganzen Vermögen." (Dtn 6,5)

Eine zweite Forderung des jüdischen Gesetzes will dem Menschen so viel wie möglich an Ruhe, an Freisein vom Getriebe und an Freisein von der Sorge für die Welt geben, so daß er selbständig, religiös schaffen kann. Mit ihr soll dem Menschen die Möglichkeit gegeben werden, sich aus dem Getriebe der Welt herauszulösen, um selbst in das Reich des Religiösen vorzudringen. Der stärkste und gewaltigste Ausdruck dieser Tendenz zur Ruhe, zur Beherrschung der Zeit, zur Unterbrechung der Hastigkeit und des diesseitigen Betriebs ist der Sabbat. Mit Recht hat das jüdische Volk das Sabbatgebot (neben dem Gebot zur Beschneidung gehört es zur ersten Art der Gesetze) als sein größtes und heiligstes Gut angesehen, als den Grundpfeiler seiner Existenz. Dadurch, daß der Sabbat die Krönung der Weltschöpfung durch Gott selbst ist, wird er schon in der Bibel mit der höchsten Heiligkeit bekleidet.

Die Sabbatheiligung ist (wie auch die Beschneidung) schon vor der Gesetzgebung am Sinai ein Gebot. Als bei der Wüstenwanderung das Manna fällt, wird den Israeliten befohlen: „Sechs Tage sollt ihr sammeln, aber der siebte ist der Sabbat, da wird es nicht sein." (Ex 16,26) Also feierte das Volk den siebten Tag. Seine endgültige Fixierung findet das Sabbatgebot in der Bibel in den Zehn Geboten: „Sechs Tage sollst du arbeiten und alle deine Werke verrichten, aber am siebten Tag ist der Sabbat des Herrn deines Gottes, da sollst du kein Werk tun, noch dein Sohn, noch deine Tochter, noch dein Knecht, noch deine Magd, noch dein Vieh, noch dein Fremdling, der in deinen Toren ist... Denn in sechs Tagen hat der Herr Himmel und Erde gemacht und das Meer und alles, was drinnen ist, und ruhte am siebten Tage; darum segnete der Herr den Sabbattag und heiligte ihn." (Dtn 5,13-15)

Das rabbinische Judentum hat das Sabbatgesetz mit demselben Rigorismus, der schon für das biblische Verbot typisch ist (sogar die Arbeit des Sklaven und der Tiere wird verboten), ausgebaut und erweitert. Vor allem in der mündlichen Tradition war man bestrebt, im einzelnen festzustellen, welche Arbeiten am Sabbat verboten sind. Es werden 39 Hauptarbeiten für verboten erklärt (wobei unter eine Hauptarbeit jeweils eine Vielzahl von speziellen Tätigkeiten fallen). Die mündliche Tradition erreichte mit diesem System von Verboten schließlich, daß der Jude am Sabbat von der Welt des Werktags völlig abgetrennt und losgelöst ist. Die angestrebte Ruhe will dem Menschen jede Möglichkeit nehmen, irgendwie auf die Welt schöpferisch einzuwirken. Die ganze Welt der Stofflichkeit, der der Mensch sonst als schaffender und verändernder gegenübersteht, ist für den Juden am Sabbat und in dieser Beziehung nicht existent.

Für das rabbinische Gesetz bedeutet Ruhe nicht „Ausruhen", sondern Schaffen in der Sphäre des Religiösen und Unterlassen allen Schaffens in der Sphäre der stofflichen Welt. Nur von diesem Prinzip aus sind die Einzelbestimmungen über die Arten der verbotenen Arbeiten zu verstehen. Hierin liegt auch der tiefere Sinn der Analogie von Sabbatruhe und Ruhe Gottes am siebten Tag der Schöpfung. Seine ganze Schöpferkraft soll und muß sich infolge dieses Gesetzes auf die geistig-religiöse Sphäre erstrecken und hier wirken.

Der Sabbat ist aufgrund dieses Gesetzes weit mehr und etwas völlig anderes als ein Tag des Nichtarbeitens. Er ist ein Tag höchster geistiger Schöpfertätigkeit des einzelnen. Mit ungeheurem Radikalismus hat das Gesetz dieses Prinzip des Abbruchs aller tätigen Beziehung zur Welt durchgeführt. Dies führt so weit, daß das Löschen eines Brandes, bei dem das ganze Vermögen eines Juden auf dem Spiel steht, verboten wird. Nur bei Lebensgefahr ist die Übertretung des Sabbatgesetzes – wie auch anderer Gesetze – gestattet.

Die Tendenz, den Menschen aus der Gebundenheit der werktäglichen Welt zu lösen und ihm die Möglichkeit religiösen Schaffens zu geben, drückt sich nicht minder deutlich im Sabbatjahr aus. Es befiehlt, jedes siebte Jahr den Boden unbestellt zu lassen und den wildwachsenden Ertrag den Armen zu lassen. Gewöhnlich wird das Sabbatjahr nur unter einem sozialfürsorglichen und agrarischen Aspekt gesehen.

Die Bedeutung des Sabbatjahrgesetzes liegt jedoch darin, daß es in größeren Zeiträumen in das Leben eingreift, um dann auch einen verhältnismäßig großen Zeitraum ganz für das religiöse Schaffen in Beschlag zu nehmen.

Die Gesetze, die die Gebetszeiten regeln, haben ebenfalls vor allem den Sinn, je neu Ruhe und Abgetrenntheit von der Welt inmitten der Welt zu erreichen. Dreimal am Tag verpflichtet das Gesetz den Juden zu beten, also sein Tagwerk zu unterbrechen, um religiös zu schaffen. Diese Pflicht gilt gleichermaßen für den Gelehrten, der sein Studium unterbricht, wie für den Arbeiter, der seine Arbeit unterbrechen muß, um dieser Pflicht zu genügen. Es erhellt ohne weiteres, wie stark diese Gesetzesbestimmung dem werktäglichen Leben die Hast nimmt und dem einzelnen immer wieder die Herrschaft über die Zeit und dadurch religiöses Schaffen sichert. Das Pflichtgebet ist in ganz besonderem Maße der Ausdruck „tätiger Weltheiligung“. Es wird dem einzelnen nicht überlassen, dann zu beten, wenn er in religiöser Stimmung dazu ist; es wird ihm vielmehr auferlegt, sich selbst immer wieder in Unterbrechung seines Tagwerks die seelische Haltung zu „schaffen“, in der Gebet möglich ist. (Vgl.

hierzu M. Bubers [1916, S. 11f.] Rede vom „motorischen" Menschentyp, zu dem er auch die Juden zählt.)

Ein anderer Aspekt des Gebets hängt mit dem Zuvorgesagten zusammen: Das Gebet des Judentums ist das Gemeindegebet, von dem sich außerhalb des Judentums (außer später im Christentum) nur kümmerliche Spuren und Keime aufweisen lassen. (Vgl. F. Heiler, 1920, S. 421ff.) Der Mittelpunkt des Gebetes ist das Achtzehngebet, das in seiner heutigen Form erst nach dem Untergang des zweiten Tempels (70 n. Chr.) abgefaßt wurde, dessen Grundlagen aber schon in die Zeit vor der Entstehung des Christentums zurückreichen. Wie F. Heiler (1920) richtig bemerkt, ist das Achtzehngebet ein „Gebetsformular", das von jedem einzelnen Beter mit seinem individuellen religiösen Inhalt erfüllt werden soll. Der kollektiv gültige Gebetstext ist nur Motiv und Möglichkeit individuellen religiösen Schaffens, wie übrigens das gottesdienstliche Gemeindegebet überhaupt. Innerlich im Geiste prophetischer Frömmigkeit wurzelnd, ist es ein unmittelbarer Ausfluß des individuellen prophetischen Gebetslebens. So fügt sich das Gebet durchaus in den Rahmen des gesamten Gesetzes ein, insofern dieses ja auch als eine Form anzusehen ist, die dem religiösen Eigenleben des einzelnen Freiheit läßt.

Es ist außerordentlich bezeichnend, daß sowohl der Karäismus wie die Reformbewegung das Gesetz in seiner objektiv gültigen Form aufheben wollten und deshalb sofort einen Angriff gegen das jüdische Gemeindegebet unternahmen, indem sie an die Stelle des Achtzehngebets solche Gedichte und Psalmen setzten, die einen viel individuelleren religiösen Charakter tragen als das „Gebetsformular" des Achtzehngebets. Ebenso bezeichnend ist es, daß der Chassidismus mit seiner Bejahung des Gesetzes auch das Achtzehngebet beibehielt, obwohl angesichts seiner neuen schöpferischen religiösen Kraft eine Änderung des Gebets verständlich gewesen wäre.

Das Gesetz hat die Aufgabe, jedem Menschen aus dem Volke

den Weg zur Erkenntnis Gottes zu bahnen. Es will keine „innerweltliche Askese“, sondern „tätige Weltheiligung“. Was die Erkenntnis Gottes selbst sei, darüber schweigt das Gesetz. Jenseits des ganz elementaren Glaubens an die Einzigkeit Gottes ist im Gesetz nichts gedanklich formuliert, was für die Gesamtheit verbindlich wäre. Nur im geheimen, vertrauten Kreise werden „die Geheimnisse enthüllt“ (vgl. H. Cohen, 1920, S. 399).

Exkurs I: Arbeit und Beruf im rabbinischen Judentum

Wir haben als eine wesentliche religiöse Grundlage des Gesetzes die Tendenz festgestellt, dem Menschen Ruhe und damit die Möglichkeit zu Kontemplation und zu religiösem Schaffen zu geben. Für eine ganze Gruppe von Gesetzen haben wir gerade darin ihr Spezifikum gesehen, wobei wir hier nur den Sabbat, das Sabbatjahr und das Pflichtgebet hervorgehoben haben.

Es liegt deshalb nahe, nach der Stellung zu fragen, die das rabbinische Judentum überhaupt zu Beruf und Arbeit eingenommen hat. Diese Aufgabe wird durch die Arbeiten von Max Weber erleichtert, der in klassischer Weise den Zusammenhang zwischen der Wertschätzung und Bedeutung des Berufes und der Arbeit einerseits und den vorherrschenden religiös-sittlichen Anschauungen andererseits am Beispiel der Wirtschaftsethik des Protestantismus aufgewiesen hat. Er hat dabei sogar schon in wenigen Sätzen das Problem und die Lösung im Hinblick auf das Judentum angedeutet: „Wenn also, wie mehrfach schon die Zeitgenossen, so auch neuere Schriftsteller die ethische Grundstimmung speziell des englischen Puritanismus als ‚English Hebraism‘ bezeichnen, so ist dies, richtig verstanden, durchaus zutreffend. Man darf dabei nur nicht an das palästinensische Judentum aus der Zeit der Entstehung der alttestamentlichen Schriften, sondern an das Judentum, wie es unter dem Einfluß der vielen Jahrhunderte formalistisch-gesetzlicher und talmudischer Erziehung allmählich wurde, denken und muß auch äußerst vorsichtig mit Parallelen sein." (M. Weber, 1920, Band I, S. 180f.)

Die insgesamt unbefangene Wertschätzung des Lebens im alten Judentum liegt weit ab von der spezifischen Eigenart des Puritanismus; ebenso fern lag dem alten Judentum – und das darf nicht übersehen werden – die Wirtschaftsethik des mittelalterlichen oder neuzeitlichen Judentums, die bei der Entwicklung des kapitalistischen Ethos eine wichtige Rolle spielte. Dieses Judentum stand nämlich auf der Seite des politisch oder spekulativ orientierten Abenteurerkapitalismus. Sein Ethos war das des „Pariakapitalismus". Der Puritanismus vertrat das Ethos des rationalen bürgerlichen Betriebs und der rationalen Organisation der Arbeit. Er entnahm dabei der jüdischen Ethik nur, was in seinen Rahmen paßte.

Wir wollen im Folgenden näher untersuchen und zeigen, daß der Gegensatz, den Max Weber zwischen dem Wirtschaftsethos des Puritanismus und dem des Judentums empfindet und andeutet, tatsächlich besteht. Es gibt ihn nicht nur für das Alte Testament, sondern gerade auch für das rabbinisch-talmudische Judentum. Zunächst sollen in Kürze die Hauptpositionen Max Webers über den Puritanismus nachgezeichnet werden, um sie dann dem jüdischen Verständnis gegenüberzustellen.

a) Die Wirtschaftsethik des Puritanismus

Schon bei Martin Luther bekommt der Beruf eine im katholischen Mittelalter unbekannte Bedeutung. Er gewinnt einen religiös-ethischen Sinn. „Nun ist unverkennbar, daß schon in dem deutschen Worte ‚Beruf' ebenso wie in vielleicht noch deutlicherer Weise in dem englischen ‚calling', eine religiöse Vorstellung – die einer von Gott gestellten Aufgabe – wenigstens mitklingt und, je nachdrücklicher wir auf das Wort im konkreten Fall den Ton legen, desto fühlbarer wird. Und verfolgen wir nun das Wort geschichtlich durch die Kultursprachen hindurch, so zeigt sich zunächst, daß die vorwiegend katholischen Völker für das, was wir ‚Beruf' (im Sinne von Lebensstellung, umgrenztes Arbeitsgebiet) nennen, einen Ausdruck ähnlicher Färbung ebensowenig kennen wie das klassische Altertum." (M. Weber, 1920, Band I, S. 63.)

Den Trieb zur hastigen, ruhelosen Arbeit leitet Max Weber von dem Streben ab, ein Zeichen für die Außenweltheit zu gewinnen. Dies sei die den Puritaner dauernd quälende Frage. In der Hast der täglichen Arbeit und im Erfolg der Arbeit suche er einen Beweis für die Gnade Gottes zu gewinnen. Die Arbeit selbst sei absolutes Gebot Gottes. Sie sei heilig und werde zum Selbstzweck: „Aber die Arbeit ist darüber hinaus, und vor allem, von Gott vorgeschriebener Selbstzweck des Lebens überhaupt. Der paulinische Satz: ‚Wer nicht arbeitet, soll nicht essen', gilt bedingungslos und für jedermann. Die Arbeitsunlust ist Symptom fehlenden Gnadenstandes." (A.a.O., S. 171.)

Reich zu werden und den Reichtum zu Gottes Ehre zu verwenden, ist göttliches Gebot. John Wesley (zit. nach M. Weber, a.a.O., S. 197) sagt: „Wir müssen alle Christen ermahnen, zu gewinnen was sie können und zu sparen, was sie können, das heißt im Ergebnis: reich zu werden."

Weiterhin beruhte die Bedeutung der Arbeit im Puritanismus auf ihrer Verwendbarkeit als asketisches Mittel und als Ablenkung vom „unreinen Leben": „Demgemäß zieht sich eine immer wiederholte, zuweilen fast leidenschaftliche Predigt harter, stetiger körperlicher oder geistiger Arbeit durch Baxters Hauptwerk. Die Arbeit ist zunächst das alterprobte asketische Mittel, als welches sie in der Kirche des Abendlandes, im scharfen Gegensatz nicht nur gegen den Orient, sondern gegen fast alle Mönchsregeln der ganzen Welt, von jeher geschätzt war." (A.a.O., S. 169.)

Die außergewöhnliche Einschätzung der Arbeit als eines verbindlichen Gottesgebotes, als eines Selbstzwecks und als eines asketischen Mittels sowie die Auffassung des Berufs als einer sittlich-religiösen Aufgabe und des Reichtums als eines gottgewollten, all dies führt nach Max Weber zu einer notwendig negativen Tendenz: „Wertlos und eventuell direkt verwerflich ist daher auch untätige Kontemplation, mindestens wenn sie auf Kosten der Berufsarbeit erfolgt. Denn sie ist Gott minder wohlgefällig als das aktive Tun seines Willens im Beruf.“ (A.a.O., S. 168.)

b) Zum Verhältnis von Berufsarbeit und Religionspraxis im rabbinischen Judentum

Wir wenden uns nun der Stellung des rabbinischen Judentums zur Arbeit und zum Beruf zu. Die bereits oben ausgeführte prinzipielle Einstellung des Judentums sei als Voraussetzung zu den Einzelfragen nochmals zusammengefaßt:

Das Judentum bejaht „diese“ Welt, es verlangt Gotteserkenntnis in ihr. Es will Heiligung der Welt durch Erkenntnis und Tat, nicht Zurückhaltung von Welt und Askese. Alles in der Welt verlangt nach Heiligung und wird als Geheiligtes bejaht. Das Judentum geht von der Idee „tätiger Weltheiligung“ aus. Dieser Aufgabe dient das Gesetz. Die Einstellung der „innerweltlichen Askese“, wie sie Max Weber beim Puritanismus aufzeigte, wo der Mensch sich gleichsam gegen die Welt wehren muß und die Arbeit zu einem Mittel des Sichwehrens wird, ist dem Judentum ganz fremd, da es der Welt gegenüber eine positiven religiösen Sinn verleihende Einstellung hat. Anstelle des negativen Systems der innerweltlichen Askese steht im Judentum das positive System des Gesetzes.

Höchstes und alleiniges Ziel des Lebens ist im Judentum die Erkenntnis. So wie die Welt Gott untergeordnet ist, so ist die Arbeit dem Erkennen untergeordnet. Die dem Puritanismus eigene Anschauung von der Heiligkeit der Arbeit als solcher fehlt im rabbinischen Judentum völlig. Oberster Zweck des Lebens ist Erkenntnis, und Arbeit ist notwendig zur Erhaltung des Lebens, sie ist ein notwendiges Übel. Sie darf deshalb auch nur geschehen, um den Bedarf zu decken, nicht aber um zu sammeln.

Die Wirtschaftsethik des Judentums ist – in der Sprache Max Webers – „traditionalistisch". In der biblischen Erzählung von der Vertreibung aus dem Paradies wird die Arbeit als Fluch dargestellt, während Ruhe die Krönung und Heiligung der Arbeit ist. Den Kindern Israels wird das Sammeln von Manna über den augenblicklichen Bedarf hinaus verboten. Besonders im Buch Kohelet wird der wirtschaftliche Traditionalismus im Gegensatz zum Puritanismus deutlich. Dort steht, daß Gott „dem Sünder den Sinn zu sammeln und aufzuspeichern gab" (Koh 2,26) und daß eine Handvoll in Ruhe besser sei, als zwei Hände voll in Hast, usw.

Die Einstellung des Alten Testaments kennzeichnet Max Weber (a.a.O., S. 74) mit folgenden Worten: „Speziell das Alte Testament, welches eine Überbietung der innerweltlichen Sittlichkeit in der genuinen Prophetie gar nicht und auch sonst nur in ganz vereinzelten Rudimenten und Ansätzen kannte, hat einen ganz ähnlichen religiösen Gedanken streng in diesem Sinne gestaltet: ein jeder bleibe bei seiner ‚Nahrung' und lasse den Gottlosen nach Gewinn streben: das ist der Sinn aller der Stellen, welche direkt von weltlicher Hantierung handeln. Erst der Talmud steht darin teilweise – aber auch nicht grundsätzlich – auf anderem Boden."

Wie die nachfolgenden Zitate aus der talmudischen Literatur zeigen, ist auch das rabbinische Judentum nach der maßgebenden Literatur ganz traditionalistisch eingestellt. Zunächst ein Zitat aus der Mischna, der ältesten und autoritativsten Quelle des nachbiblischen Judentums. Dort sagt Rabbi Simeon ben Eleasar: „Hast du in deinem Leben ein Tier oder einen Vogel ein Handwerk ausüben sehen? Diese werden ohne Mühsal ernährt, obgleich sie erschaffen worden sind, nur um mich zu bedienen; um wieviel mehr sollte ich, wo ich erschaffen worden bin, um meinem Schöpfer zu dienen, ohne Mühsal ernährt werden. Aber ich habe meine Werke verdorben (das heißt meine Taten sind schlecht geworden) und mich um meine Ernährung gebracht.“ (Traktat Kidduschin 4,14 [Fol.82a])

Einen ähnlichen Gedanken finden wir im Talmud, wo Arbeit auch dann, wenn sie bejaht wird, doch immer nur als notwendiges Übel angesehen wird, so daß der Gegensatz zu einem puritanischen Verständnis von Arbeit als Gebot Gottes oder gar als Selbstzweck (vgl. die oben zitierte Position von Richard Baxter) ganz offensichtlich ist. In einer religiösen Akademie wurde über die Pflicht der Arbeit und des Studiums der Lehre Gottes disputiert. Es ging um die Auslegung von Jos 1,8: „Das Buch des Gesetzes weiche nie von deinen Lippen.“ Rabbi Ismael erhob sich und sprach: „Das heilige Gesetz trifft viele Vorkehrungen in betreff der bürgerlichen Ordnung und stellt viele Normen für die Arbeit, das Gewerbe etc. auf. Allein diese bürgerliche Ordnung könnte sich mit der Verpflichtung, sich immer mit dem Studium der Tora zu beschäftigen, unmöglich vertragen. Es folgt daraus, daß diese Verpflichtung sich den bürgerlichen Bedürfnissen anbequemen müsse.“ (zit. nach M. H. Friedländer, 1890.)

Rabbi Simeon ben Jochaim wies die Erklärung Rabbi Ismaels entschieden zurück (Traktat Berachot 6,1 [Fol. 35b]): „Wie könnt ihr zur gleichen Zeit Gott und der Welt entsprechen? Die Welt raubt euch alle eure Stunden, so daß euch für das Studium der Lehre Gottes keine Zeit übrigbleibt. Da heißt es bald Pflügen, bald Säen, bald Ernten, bald Dreschen etc. Wenn wir studieren und getreu den göttlichen Vorschriften leben, dann wird der Himmel uns mit Reichtümern und Gutem segnen. Wir werden schon Leute haben, die für uns arbeiten werden.“

Die Diskussion wurde noch lange fortgesetzt, ohne daß man sich einigen oder zu einem entschiedenen Schluß kommen konnte. Eine andere Akademie, die ebenfalls über diese Frage verhandelte, beschloß so (Traktat Berachot 6,1 [Fol.35b]): „Wir haben Beispiele von vielen, die der Ansicht des Rabbi Simeon ben Jochaim huldigen, seinem Rate Folge leisteten und ihre ganze Zeit und Kraft ausschließlich dem Studium der Gotteslehre widmeten, ohne daß es ihnen gelungen wäre, zum Ziele zu gelangen, während wieder andere, die der Ansicht des Rabbi Ismael sind und daher einen Teil ihrer Zeit der Arbeit, den anderen Teil dem Studium der Tora weihen, ihr Ziel erreichten."

Es ist auch sehr bezeichnend, daß die jüdische Tradition, die sonst jedes in der Bibel vorkommende oder auch nur angedeutete Gebot aufs Genaueste zählt und bearbeitet, den Satz „Sechs Tage sollst du arbeiten!" nicht unter die Gebote aufgenommen hat.

In schroffem Widerspruch zur Ansicht des Puritanismus, daß es eine sittliche Pflicht sei, Reichtum zu Gottes Ehre zu erwerben, steht der Satz des Midrasch (Kohelet Rabbot 4,6), zu dem es viele Parallelen gibt: „Besser ist der, der nur kleine milde Gaben spendet, aber von dem Seinigen, als der, welcher raubt, erpreßt und bedrückt und große Gaben spendet." – „Ebenso sprach auch Gott: Mir ist eine Hand voll freiwilliger Gaben des Armen lieber als Hände voll Räucherwerk des Hohenpriesters. Warum? Weil durch jene, nicht aber durch dieses die Sühne kommt, vgl. Lev 23,1." [Zit. nach A. Wünsche, 1880, S. 60f.]

Für unseren Zusammenhang sehr bezeichnend sind auch folgende Sätze des Midrasch [Kohelet Rabbot] zum Satz „Lieber eine Hand voll in Ruhe, als beide Hände voll in Mühsal und Jagd nach Wind" (Koh 4,6): „Besser ist der, welcher nur zehn Goldstücke besitzt und damit handelt und sich ernährt, als der, welcher Geld von andern nimmt und Schaden und Verlust erleidet. Das Sprichwort sagt: Er verliert Eigenes und Fremdes. Sein Jagen ist Wind, das heißt sein Streben geht nur darauf, Kaufmann genannt zu werden." Und Rabbi Chija bar Abba sagte: „Besser ist eine Hand voll Gemütsruhe, die der Sabbat bietet, als Hände voll Mühseligkeit und quälende Sorge in den sechs Werkeltagen; denn derselbe hat ferner gesagt: Israel wird nur in Folge der Sabbatheiligung erlöst, s. Jes 30,15." [Zit. nach A. Wünsche, 1880, S. 60.]

Sehr deutlich zeigt folgender Midrasch (Kohelet Rabbot) zu Koh 2,26 [zit. nach A. Wünsche, 1880, S. 36] die radikale Tendenz gegen das Sammeln: „Dem einen Menschen, der ihm gefällt, das heißt unserem Vater Abraham, gab er Weisheit, dem Sünder hingegen, das heißt dem Nimrod, gab er Geschäftigkeit zu sammeln und zu häufen, um es dem Gottgefälligen, das heißt Abraham, zu geben, s. Gen 24,1ff." Oder: „Unter ‚dem gottgefälligen Menschen' sind die Israeliten zu verstehen, als sie in Ägypten waren. Ihnen verlieh Gott Weisheit und Erkenntnis," dem Sünder aber, „das heißt den Kanaanitern, gab er den Trieb, Reichtümer zusammenzuhäufen." (Ähnlich lauten vier weitere Varianten.)

Zum Schluß sei noch ein Midrasch aus Kohelet Rabbot angeführt, bei dem die traditionalistische Einstellung besonders an der Stelle deutlich wird, wo die Arbeit empfohlen wird, ihr aber ein auffallend geringer Platz beigemessen wird: „Sei bemüht und bestrebt, dir neben dem Torastudium als Erwerbsquelle ein Handwerk zu eigen zu machen", lehrt Rabbi Jehuda Hanassi im Namen der heiligen Gemeinde. Diese Gemeinde wurde deshalb heilig genannt, weil ihre Mitglieder die Werktage in drei Abschnitte teilten: sie widmeten einen Abschnitt dem Studium, einen dem Gebet und den dritten der Arbeit.

Das rabbinische Judentum hatte – dies sollte mit den Beispielen gezeigt werden – eine traditionalistische (oder wie Max Weber sagen würde: nicht-kapitalistische) Einstellung zur Wirtschaft. Dennoch finden wir im rabbinischen Judentum eine starke Wertschätzung der Arbeit, wie auch die einschlägige Literatur immer wieder betont. Stellen wie die folgenden sind durchaus nicht selten: „Das Handwerk ist von großer Wichtigkeit, denn es ehrt und lobt den Meister" (Traktat Nedarim 6,1f. [Fol.49b]);

„Groß ist die Arbeit, denn sie ehrt ihren Herrn." – „Von der Erde wird gesättigt der, welcher ihr dient." – „Die Arbeit ernährt nicht bloß, sondern adelt und erhöht den Menschen."

Die vorstehenden Aussprüche stehen durchaus nicht im Widerspruch zu den oben zitierten. Die Wertschätzung der Arbeit entspringt hier nämlich ganz anderen Motiven als beim Puritanismus. In der geschilderten Diskussion um die Frage, ob Arbeit im Widerspruch zum Gebot stehe, sich Tag und Nacht mit der Lehre zu beschäftigen, ist das Motiv der jüdischen Wertschätzung deutlich zu erkennen. Auf die Frage, wovon man leben solle, antwortete Rabbi Simeon ben Jochaim: „Der Himmel wird uns mit Reichtümern und mit Gutem segnen, und andere Leute werden für uns arbeiten", so lehnt das rabbinische Judentum diese Antworten ab. Die erste wird als rein utopisch angesehen und mit dem die Realität bejahenden Charakter des Judentums unverträglich; die zweite – und hier liegt der wesentliche Punkt – wird als mit dem demokratischen Charakter des Judentums unvereinbar angesehen.

Das rabbinische Judentum lehnt es ab, daß eine Schicht arbeiten soll, um einer anderen Schicht die Kultur zu ermöglichen. Alle sollen zur Erkenntnis kommen. Der Gedanke, der schon in der Bibel seine klassische Formulierung gefunden hat, daß Gott das ganze Volk zu einem Volk von Propheten macht, durchzieht das ganze rabbinische Judentum. Dies hat auch zur Konsequenz, daß keiner sich der nun mal notwendigen Arbeit entziehen kann. So wie das ganze Volk zur Erkenntnis kommen soll, so ist auch das ganze Volk zur Arbeit verpflichtet. „Es durfte niemand sagen, ich bin zu dieser Arbeit zu vornehm." „Vermiete dich lieber zu jeder Arbeit, mag sie noch so niedrig sein, als an die Munifizenz anderer Menschen zu appellieren." (Traktat Baba Batra 8,1 [Fol. 110a])

Gerade die jüdischen Gelehrten sprechen von der Wertschätzung der Arbeit, die bis zur Bestimmung gehen kann: „Jeder Vater hat die Pflicht, seinen Sohn ein Handwerk lernen zu lassen.“ (Kidduschin 1,7 [Fol. 29a]) – Rabbi Josua ben Chananja lehrt: „Wer des Morgens und des Abends je zwei Halachas studiert, die übrige Zeit aber für das Gewerbe verwendet, hat der Pflicht, täglich das Gesetz zu studieren, entsprochen.“

Es ist auch bezeichnend, daß gerade unter den jüdischen Gelehrten eine große Zahl von Handarbeitern sind, die in ihrem Leben dieses Prinzip der Arbeit als notwendiger Pflicht für alle verwirklichen. Auch der Ackerbau war für viele hervorragende Lehrer aus talmudischer Zeit eine Lieblingsbeschäftigung. In Palästina war es Rabbi Eliezer ben Hyrkan, der stets ein Furche pflügte, bevor er das Lehrhaus des Rabbi Jochanan ben Zakkai besuchte. Ackerbauern waren Rabbi Ismael, Rabbi Eliezer ben Asarja, Rabbi Juda ben Schamma, Rabbi Gamliel und andere mehr. In Babylonien waren Samuel, Huna Abaia, Raba [Josef ben Chama], Rabbi Pappa u.a. Ackerbauern. „Raba mußte seine Hörer [wegen deren Wissensdrang] geradezu bitten, daß sie in den Monaten Nissan und Tischri das Lehrhaus nicht aufsuchen, sondern sich der Feldarbeit widmen sollten, damit sie nicht das ganze Jahr hindurch von Nahrungssorgen gequält würden.“ (S. Funk, 1908, S. 68; vgl. auch Traktat Berachot, Fol. 37b.)

Der Arbeiter ist geehrt, weil er seine Pflicht gegenüber der Gesamtheit tut. Die Arbeit ist geehrt, weil sie für die Gesamtheit notwendig ist und weil die Erfüllung eines jeden Bedürfnisses für die Gesamtheit ehrenhaft ist. In verschiedenen Erzählungen und Aussprüchen des Talmuds wird dieser Gedanke bestätigt.

„Der Arbeiter Simeon von Sichnin sprach einst zu dem berühmten Rabbi Jochanan ben Zakkai: ‚Ich bin so groß wie Du und leiste so viel wie Du. Du widmest Deine Kraft dem Heil der Gesamtheit. Auch meine Arbeit fördert das Wohl der Menschheit. Ich werfe Gräben aus, halte rein die Brunnen, und Du kannst dem einen diese und jene Quelle zu trinken anweisen, diesen und jenen Graben zum Baden.‘ Ich muß Dir vollkommen beipflichten, entgegnete der fromme Lehrer, denn es steht geschrieben: ‚Es ist besser, sich nähren, um zu hören, als wenn Tore Opfer bringen, denn sie wissen weder Gutes noch Böses zu tun.'“ (Midrasch Kohelet Rabbot 4,17)

c) Die rechtliche Stellung des Arbeiters im biblischen und rabbinischen Judentum

Aus der bisher aufgezeichneten Haltung zur Arbeit als einer für die Gesellschaft notwendigen Tätigkeit, deren Ausübung der Gesellschaft als solcher, das heißt prinzipiell jedem zufällt, ergibt sich mit Notwendigkeit die ausgezeichnete rechtliche Stellung, die der Arbeiter sowohl im biblischen wie im talmudischen Judentum einnimmt.

Die Bibel sagt: „Du sollst dem Nächsten nichts vorenthalten, ihn nicht berauben und den Lohn des Arbeiters nicht bei dir lassen über Nacht.“ (Lev 19,13) – „Dem armen und dürftigen Taglöhner, sei er von Deinen Brüdern oder von einem Fremden, der in dem Lande wohnt, sollst Du den Lohn nicht vorenthalten; desselben Tages sollst Du ihm seinen Lohn geben, auf daß die Sonne nicht darüber untergehe, denn er ist arm und wartet mit Verlangen auf den Lohn, damit er nicht gegen Dich zum Ewigen riefe und es Dir zur Sünde gerechnet würde.“ (Dtn 24,14f.)

Im siebten Jahr mußte der hebräische Sklave freigelassen werden (vgl. Jer 34,14). Verschmähte er jedoch die Freiheit, dann war er für immer Sklave und es wurde ihm zur Strafe das Ohr durchbohrt. Denn – so sagt der Midrasch – er hat das Wort Gottes nicht verstanden: „Ihr sollt meine Knechte, und nicht Knechte von Knechten sein.“ A. Jellinek (1882, Serie 2, S. 36) schreibt: „Dichter wie Plutarch, Cassius, Petronius, Tacitus, Suetonius, Juvenal, Martial, Persius, Rutilius, Numantios haben sich über den Sabbat mokiert. Sie konnten es nicht begreifen, daß der Palästinenser seinem Arbeiter jeden siebten Tag schenkte, die Privatrechte der Arbeitgeber verkürzt. Sie nannten sie darum Müßiggänger. Auf den römischen Volkstheatern pflegten Stücke aufgeführt zu werden, in denen die Palästinenser und ihr Ruhetag karikiert wurden."

In der Zeit des zweiten Tempels gab es überhaupt keine hebräischen Sklaven. Als nach der Zerstörung des ersten Tempels die Feier des Jubeljahres unmöglich geworden war, durfte ein hebräischer Knecht nicht einmal auf sechs Jahre gekauft oder verkauft werden (vgl. Traktat Arachin, 8,7-9,1 [Fol. 29]). Herodes mußte die Diebe ins Ausland verkaufen, weil man den Verkauf der hebräischen Sklaven in Palästina als eine ungesetzliche Handlung betrachtete. Selbst das Scheinsklaventum, das es bei der Zerstörung des ersten Tempels in Palästina gab, war später verpönt. Rabbi M. Isserle sagt deshalb: „Es sei einem Arbeiter oder einem Lehrer oder einem Schreiber verboten, sich auf drei Jahre derart zu vermieten, daß man die ganze Zeit im Hause des Eigentümers bleiben müsse." – „Wenn der Arbeiter, der gezwungen ist, den ganzen Tag zu arbeiten und für die zu liefernde Arbeit bereits das Geld antizipando erhalten hat, gegen Mittag die Arbeit einstellt, ohne weiter arbeiten zu wollen, darf ihn der Arbeitgeber durchaus nicht zwingen, die Arbeit zu vollenden. Selbst wenn der Arbeiter momentan nicht in der Lage ist, den bereits erhaltenen Lohn dem Arbeitgeber zurückzuzahlen. Er bleibt vorläufig sein Schuldner, zur Arbeit kann er aber nicht gezwungen werden." (Vgl. Traktat Baba Mezia, Fol. 10a.)

Über die Auszahlung des Lohnes ist im Talmud folgendes gesagt: „Wer dem Arbeiter oder dem Handwerker den Lohn vorenthält, macht sich einer fünffachen Sünde schuldig." (Traktat Baba Mezia 9,12 [Fol. 111]) „Es ist, als ob er ihm sein Leben nehme. Er lebt von seinem Lohne und trägt darnach sein Verlangen." (A.a.O. [Fol. 112].)

Über die Behandlung des Arbeiters bestehen folgende Bestimmungen: „Beschäme ihn (den Arbeiter) nicht durch Worte, zürne ihm niemals, berücksichtige seine Rechtfertigung, sprich sanft und gelassen zu ihm; hartherzig und grausam mögen wohl die Götzendiener sein, die Nachkommen der Patriarchen sollen mitfühlen, mitempfinden, wie Gott, der sich aller seiner Geschöpfe erbarmt.“ Der Arbeitgeber kann den Arbeiter nicht zwingen, zeitlich früh mit seiner Arbeit zu beginnen und spät abends aufzuhören, wenn dies in einem Orte nicht gebräuchlich ist. (Traktat Baba Mezia 7,1 [Fol.83a])

Maimonides sagt über die Arbeiter: „Dem Sklaven das Joch nicht zu erschweren, das Leben nicht zu verbittern, in der Kost den übrigen Hausgenossen gleichzustellen, ihn weder tätlich noch mit Worten verächtlich zu behandeln, denn er ist zur Arbeit da, nicht zur Geringschätzung.“ Und im Traktat Kidduschin 1,2 [Fol. 20a] steht: „Wer einen Arbeiter oder eine Arbeiterin aufnimmt, soll nicht vergessen, daß er mit ihnen verkehren muß nach Art eines Bruders oder einer Schwester; er muß sie gleichstellen sich selber in Bezug auf Essen, Trinken, Kleidung und Wohnung dergestalt, daß es nicht gestattet sei, wenn der Herr sein feines Brot verzehrt, dem Arbeiter schwarzes vorzulegen. Wenn der Herr gute alte Weine trinkt, den Arbeitern einen schlechteren hinzustellen. Wenn der Herr auf weichen Betten und Polstern schläft, dem Arbeiter bloß einen Strohsack hinzulegen oder ihn in ähnlicher Weise in der Wohnung zu benachteiligen.“

In diesem Zusammenhang ist auch folgende Erzählung bezeichnend: „Zu Rabbi Huna sagte ein Kollege: ‚Du bist ein frommer, streng gerechter Mann. Nur von einem Vergehen bist Du nicht freizusprechen: Du hast bei der Weinlese, so hörten wir, Deinem Diener nicht denjenigen Teil Reben zukommen lassen, der ihm gesetzlich gebührt.‘ ‚Wozu sollte ich ihm Reben geben, da er mir doch zweifelsohne mehr stiehlt, als ich ihm zu schenken verpflichtet war‘, lautete die Antwort des Rabbi Huna. ‚Und auf den bloßen Verdacht hin, daß der Diener Dir stehle, glaubst Du Dir erlauben zu dürfen, den Diener zu bestehlen? Ein Sprichwort lautet: Wer dem Diebe stiehlt, hat auch den Geschmack des Diebstahls.“ (Nach talmudischer Vorschrift war man verpflichtet, dem Diener einen Teil von den verschiedenen Bodenerzeugnissen zu verabreichen; vgl. Traktat Baba Mezia 9,1 [Fol. 103a-b].)

Es kann im Rahmen dieser Arbeit nicht näher auf W. Sombarts *Die Juden und das Wirtschaftsleben* (1911) eingegangen werden. Die wirtschaftsgeschichtliche Frage nach der tatsächlichen Mitwirkung der Juden bei der Ausbreitung des Kapitalismus wird hinsichtlich bestimmter Epochen noch an anderer Stelle behandelt werden. Dennoch würde hier interessieren, wie Sombart zu der Behauptung kommt, daß die jüdische Religion dem Geist des Kapitalismus besonders verwandt sei, und daß sie nicht nur dem Puritanismus verwandt, sondern geradezu selbst Puritanismus sei. Offensichtlich geht es Sombart um den Nachweis für den durch und durch traditionalistischen Charakter des Judentums und die in ihm liegende Tendenz zur Freude am Besitz. Er läßt dabei gerade das außer acht, was Max Weber als typisch für den „Geist des Kapitalismus" ansieht: den Geist des „time is money", die Hast, die Berufsethik, die Nicht-Kontemplation. Außerdem verkennt Sombart die Tatsache, auf die Max Weber mit Nachdruck (1920, Band I, S. 62) hingewiesen hat, daß „Rationalismus" noch nicht „Kapitalismus" ist (ebensowenig wie Besitzfreude mit Kapitalismus identisch ist). Für den Kapitalismus sei vielmehr jenes vom Standpunkt des eudämonistischen Eigeninteresses aus so irrationale Sich-Hingeben an die Berufsarbeit bezeichnend.

Sombart vergißt in seinem Buch über den Kapitalismus auch seine eigenen Bemerkungen zur wirtschaftlichen Eigenart der Fremden, bei denen, wie er sagt, infolge der Unmöglichkeit, politisch-staatsbürgerlich wirksam zu werden, die wirtschaftliche Tätigkeit und Ausbreitung übermächtig wird. Bei den Juden kommt hinzu, daß im Mittelalter ihre ganze physische Existenz auf Geldbesitz beruhte, der als einziges Schutz vor Verfolgungen bot. Mit diesem Geld konnten sie zum Beispiel alle jüdischen Gefangenen freikaufen. Und daß die Juden sich vor allem mit Geldgeschäften befaßten, hatte im wesentlichen seinen Grund darin, daß ihnen kaum eine andere berufliche Möglichkeit gestattet war. Es kommt ein ganz anderer Grund hinzu, der nichts mit Kapitalismus zu tun hat: Geld war leicht zu transportieren und daher bei Verfolgungen der sicherste Besitz. Viele Rabbinen machten zum Beispiel Geldgeschäfte, weil dies am wenigsten Zeit kostete und ihnen also Muße zu Gebet und Studium ließ.

Sombarts methodisches Vorgehen ist völlig falsch, wenn er als Kronzeugen für seine Behauptungen Rabbiner des 19. Jahrhunderts in Deutschland zitiert. Diese vertreten ja hierin gerade nicht die jüdische Religion, sondern sind mit der kapitalistischen Kultur identifiziert. Will man schon zeitlich über das talmudische Judentum hinausgehen, so muß man die von der kapitalistischen Kultur noch nicht ergriffenen jüdischen Massen des Ostens betrachten. Hier hätte Sombart feststellen können, daß von einer Berufsidee oder etwas ähnlichem gar nicht die Rede sein kann: Der junge Mann heiratet früh, studiert den Talmud, ißt beim Schwiegervater; Trägerin der Wirtschaft ist zum Teil die Frau, sein eigener Beruf ist durchaus planlos, er treibt heute dies und morgen jenes und er tut es nur, um seinen dringendsten Bedarf abzudecken.

Das Judentum konnte zur Idee einer „Heiligkeit des Berufes" gar nicht kommen, weil es sich ein positives System von Normen geschaffen hatte, das das ganze Leben überdeckte und formte und das selbständig die Aufgabe der Weltheiligung erfüllte. Statt „innerweltlicher Askese" ist hier „tätige Weltheiligung". Wenn Sombart den Rationalismus als charakteristisch für das Judentum hält, so ist auch dies grundfalsch, unabhängig davon, ob nun das Judentum kapitalistisch ist oder nicht. Er übersieht völlig die Linie von den Propheten über die Mischna, die Kabbala bis zum Chassidismus. Und diese Linie ist alles andere als rationalistisch.

Max Weber hat den tiefen Unterschied zwischen Judentum und Puritanismus gesehen, wenn er schreibt: „Das Judentum stand auf der Seite des politisch oder spekulativ orientierten ‚Abenteurer'-Kapitalismus: sein Ethos war, mit einem Wort, das des Paria-Kapitalismus. Der Puritanismus trug das Ethos des rationalen bürgerlichen Betriebs und der rationalen Organisation der Arbeit. Er entnahm der jüdischen Ethik nur, was in diesen Rahmen paßte." (M. Weber, 1920, Band I, S. 181.)

Die große Rolle, die die Juden tatsächlich im Großhandel des Islamischen Weltreiches gespielt haben, wird in der einschlägigen weltgeschichtlichen Literatur überall bestätigt. Am ausführlichsten berichtet wohl W. Heyd in seiner *Geschichte des Levantehandels im Mittelalter* (1879, Band II):

„Aber daß für eine Moschee in Konstantinopel auch bereits eine Gemeinde existierte, zeigt Abulfaradsch, indem er von einem Aufstand erzählt, welchen nur wenige Jahre vorher (1044) plünderungslustige Fremde, Armenier, Juden und Araber dort anzettelten. Diese Araber waren ohne Zweifel durch Interessen des Handels in die griechische Hauptstadt geführt worden." (A.a.O., S. 59.) Die Juden „unterlagen deshalb auch keinem Verdacht, wenn sie mit ihren Waren zwischen kriegführenden Völkern hin und hergingen, und erwarben sich ohne eigene Gefahr große Schätze" (a.a.O., S. 139).

„Das positivste Zeugnis dafür, wie Juden als Großhändler fast die ganze damals bekannte Welt durchreisten, entnehmen wir einer interessanten Passage Ibn Kordadbehs. Zu seiner Zeit, das heißt, um die Mitte des neunten Jahrhunderts, pflegten jüdische Kaufleute die ganze Strecke vom Lande der Franken bis nach China zu bereisen, und zwar teils zur See, teils zu Land. Hatten sie sich im Frankenland zu Schiff begeben, so landeten sie bei Farama in Ägypten, überschritten in fünf Tagen die Landenge von Suez, stiegen bei Kolsum wieder zu Schiff, segelten durch das Rote Meer an den Stationen El Djar (dem Hafen von Medina) und Dschidda (dem Hafen von Mekka) vorüber in den indischen Ozean hinaus. Oder betraten sie den asiatischen Kontinent bei der Mündung des Orontes, reisten dann über Antiochien (und Aleppo) zum Euphrat, auf diesem nach Bagdad; von da aus erreichten sie mittelst des Tigris und des persischen Meerbusens den indischen Ozean. Mochten sie den einen oder den anderen Weg machen, so war ihr weiteres Ziel das Land der Indusmündungen, Indien und endlich China. Die Rückreise bewerkstelligten sie auf dieselbe Weise, nur gingen nicht alle bis zum Lande der Franken zurück, einige brachten ihre Waren bloß bis Konstantinopel. Neben den beiden bisher beschriebenen Wegen, auf denen die größere Strecke zu Schiff zurückgelegt wurde, waren auch zwei andere gebräuchlich, bei welchen die Landreise bedeutend überwog. Man ging von Frankreich und Spanien aus über die Meerenge von Gibraltar, durchzog ganz Afrika, ferner Syrien, Babylonien, die Südprovinzen Persiens, Fars und Kerman und kam so nach Indien und China. Oder man reiste durch Deutschland und die slawischen Länder bis zur Stadt der Charasen (Itil oberhalb der Wolgamündung), schiffte über das kaspische Meer, berührte auf der Weiterreise Balkh und gelangte von da durch Transokzanien und die Länder der Tagazgaz (Uiguren) nach China. Wir lesen in diesen Aufzeichnungen des wegkundigen arabischen Oberpostmeisters mit Erstaunen von nicht weniger als vier Routen, auf welchen Kaufleute zwischen dem westlichen Europa und dem östlichen Asien hin- und herzureisen pflegten in einer Zeit, in welcher die spärlichen Berichte der abendländischen Quellen nur einen ganz sporadischen Verkehr zwischen beiden Erdteilen anzunehmen gestatten würden.

Auch über die Waren, welche auf diesen Wegen durch die jüdischen Kaufleute befördert wurden, berichtet uns Ibn Kordadbeh: Vom Okzident nach dem Orient brachten sie Eunuchen, Sklaven männlichen und weiblichen Geschlechts, Seide (dies doch wohl nur aus dem byzantinischen Reich), Pelzwerk und Säbel; vom Orient in den Okzident verführten sie Moschus, Aloe, Kampfer, Zimt und andere derartige Produkte. Leider ist die Heimat der Juden, die so viele Länder sahen und ihre Sprachen verstanden, für uns noch in Dunkel gehüllt. Ein Beiwort, welches Barbier de Meynard in seiner französischen Übersetzung des Ibn Kordadbeh mit Radanites wiedergibt, scheint ihre Herkunft bezeichnen zu sollen; es gab wirklich östlich vom Tigris einen Gau namens Radan; wir wissen ferner, daß an den östlichen Nebenflüssen des genannten Stroms starke Judengemeinden sich fanden.“ (A.a.O., S. 140f.)

„Alle diese Bedingungen des kommerziellen Aufschwungs vereinigten sich in der Zeit, da die ersten Abbasiden den Kalifenthron innehatten. Die Abbasiden selbst förderten den Handel teils indirekt durch den Glanz ihres Hofs, teils direkt durch Anlegung von Straßen, besonders aber dadurch, daß sie zum Mittelpunkt des Reiches eine Stadt [Bagdad] erhoben, welche durch ihre treffliche Lage zugleich zu einem Emporium ersten Ranges prädestiniert war... Ohne Zweifel hat das Aufblühen Bagdads und der Luxus der Abbasiden einen bisher ungeahnten Aufschwung des Seehandels zur Folge gehabt.“ (A.a.O., S. 31f.)

Exkurs II: Der christliche Offenbarungsbegriff und das Verständnis der „Göttlichkeit“ der Tora im Judentum

Welcher Art ist die Beziehung zwischen der Tora als dem von Gott geoffenbarten Buch, dem Volk als Folge von Generationen, für die dieses Buch verbindlich ist, und der mündlichen Tradition, die – historisch gesehen – von diesem Volk geschaffen ist und von ihm – religiös gesehen – selbst als religiöse Offenbarung empfunden wird?

Was bedeutet der Begriff „Göttlichkeit“ der Tora? Im Verständnis der neoorthodoxen Theologie (vgl. bes. die Schriften von Samson Raphael Hirsch, 1808-1888), die diesen Begriff formuliert und dogmatisiert hat, bedeutet Göttlichkeit der Tora, daß die Tora dem Moses zu einem bestimmten geschichtlichen Zeitpunkt übergeben wurde. Ihre Heiligkeit und Verbindlichkeit beruht auf diesem formalen Moment der Autorschaft und der

Übergabe des Buches durch Gott. Diesen Vorgang nennt man mit einem der hebräischen Sprache fremden, der christlichen Theologie entlehnten Wort „Offenbarung".

Die aus dem Christentum kommende Offenbarungsvorstellung impliziert ein Zweifaches:

(1) Die Göttlichkeit des Buches liegt nicht im Inhalt, sondern ist durch den Autor und den Übergeber begründet. Sie kann also dem einzelnen, der dem historischen Moment der Abfassung und Übergabe nicht beigewohnt hat, niemals evident – das heißt Wirklichkeit – werden, sondern sie muß geglaubt werden.

(2) Da die Heiligkeit des Buches auf dem formalen Moment der Übergabe durch Gott und seiner Autorschaft beruht, ist jede einzelne Bestimmung der Tora ihrem Inhalt nach sakrosankt und unveränderlich.

Beide Implikate hat sich die Orthodoxie zu eigen gemacht, aber beide stehen auch in schärfstem Widerspruch zum historischen Judentum. Am deutlichsten ist der Gegensatz zum ersten Aspekt wohl in den Sätzen der Midraschim ausgedrückt, die davon sprechen, daß alle kommenden Generationen schon am Berg Sinai gestanden haben. Damit ist gesagt, daß jede Generation die Offenbarung selbst als Wirklichkeit erleben soll bzw. daß alle Juden sich so betrachten sollten, als seien sie selbst aus Ägypten befreit worden. An die Göttlichkeit der Tora soll also nicht als historisches Ereignis geglaubt werden, sondern die Göttlichkeit soll als metaphysische Realität gefühlt und erkannt werden. Der Begriff des historischen Zeitpunktes ist dem Judentum völlig fremd. Schon Abraham [der lange vor der Gesetzesübergabe am Sinai gelebt hat] hat das ganze Gesetz gehalten. Es ist deshalb eine ganz übliche Vorstellung, wenn der Midrasch zum Besuch der Engel bei Abraham [Gen 18] bemerkt, es sei gerade das Pesachfest gewesen, also das Fest der Befreiung aus Ägypten, oder wenn er sich den König David – den Talmud studierend – in Lehrhäusern vorstellt.

Entsprechend diesem Verständnis sagt der Midrasch auch, daß alles, was jemals ein junger Schüler an gesetzlichen Bestimmungen Neues sagen wird, schon durch Moses am Berg Sinai gegeben wurde. Auch theoretisch drückt der Talmud dieses Prinzip aus, wenn er sagt, daß es in der Tora kein Vorn und kein Hinten gebe, also keine zeitliche Reihenfolge, und wenn er einzelne Sätze der Tora an eine andere Stelle versetzt.

In diesem Zusammenhang ist auch darauf zu verweisen, wie irrelevant die Fragestellung der Bibelkritik für das „rationale" Judentum ist. Diese Bibelkritik geht nämlich ganz von christlichen Kategorien aus. Für das Christentum ist sowohl die Person Jesu wie die Tatsache, daß er zu einem bestimmten Zeitpunkt erschienen ist, konstitutiv. Für das Judentum ist die Person Mose völlig gleichgültig. Jesus fährt in den Himmel, das Grab Mose bleibt unbekannt, damit man ihm nicht unmäßige Verehrung zollt, wie der Midrasch sagt. Zeitliche Reihenfolge und Autorschaft ist dem Talmud gleichgültig. So kennt der Talmud zehn Verfasser der Psalmen. Und es ist typisch, daß die jüdische Zeitrechnung die Zählung nicht vom Zeitpunkt der Stiftung der Religion – also von Moses oder Abraham – an datiert, sondern von der Schöpfung der Welt und des Menschen. Das Judentum unterscheidet innerhalb der Geschichte nicht der Zeit nach, sondern nach der Nähe zu Gott in jedem Volk und an jedem Ort.

Auch das zweite Implikat des Offenbarungsbegriffs, die Unveränderlichkeit des Wortes der Bibel, entspricht den Vorstellungen des historischen Judentums nicht. Das historische Judentum hat nämlich faktisch den Inhalt der Tora in wichtigen Bestimmungen verändert. So kennt die Tora in ihrem Rechtssystem die Todesstrafe und schreibt sie für viele Vergehen vor. Dagegen sagen Rabbi Akiba und Rabbi Tarfon: „Wenn wir im Gerichtshof wären, würde niemals ein Mensch getötet werden", sie sind also Gegner der Todesstrafe. Ihre theoretische Anschauung hat sich in der Praxis so weit durchgesetzt, daß ein Gerichtshof, der innerhalb von 70 Jahren auch nur ein Todesurteil fällte, im Talmud ein mörderischer Gerichtshof genannt wird.

Das Zinsnehmen, das die Tora verbietet, wird durch Hillel erlaubt. Der Opferdienst, der sich in den wichtigsten Gesetzen der Tora niederschlägt, wird völlig aus dem Judentum herausgelöst. Mit ihm verlieren auch die Priester als Träger des Opferdienstes ihre Bedeutung. Und beides ist nicht nur eine Folge der geschichtlichen Ereignisse, sondern Priestertum und Tempeldienst sind auch innerlich überwunden. Äußerungen wie die folgenden finden sich häufig im Talmud und in den Midraschim: „Der Schritt Gottes in Ägypten brachte Erlösung, das Räucherwerk von Moses und Aaron aber nicht." – „Gott ist die Gabe der Armen lieber als das Räucherwerk der Priester." – „Ein aus einer verbotenen Ehe Stammender, der ein Gelehrter ist, hat den Vorzug vor dem Hohenpriester, der unwissend ist."

Aufschlußreich ist auch folgende Mitteilung des Talmud: Als ein Priester einen anderen im Tempel tötet, da läßt der Talmud den Vater des Getöteten rasch nachsehen, ob er noch lebe, denn das Messer würde durch die Berührung mit dem Leichnam unrein. Mit trauriger Ironie wird bemerkt, daß die Reinheit der Geräte ihnen wichtiger war als das Blutvergießen. Das Priestertum wurde schon zur Zeit des zweiten Tempels innerlich vom Pharisäertum überwunden. Das Pharisäertum vertritt das Prinzip, daß das durch Wissen erworbene Führertum dem Typus des ererbten Führertums vorzuziehen sei. Der Kampf zwischen Pharisäern und Sadduzäern spiegelt den Kampf zwischen diesen beiden Prinzipien. Er wird innerlich damit gewonnen, daß die großen Führer des Volkes Pharisäer sind; er wird äußerlich mit der Zerstörung des zweiten Tempels und der Übersiedlung des jüdischen Zentrums in das Lehrhaus nach Jabne unter der Führung des Pharisäers Jochanan ben Zakkai besiegelt.

Ein anderes Beispiel für die Veränderung der Tora ist die Schwagerehe, die in der Bibel generell geboten ist und deren Nichteingehung nur ausnahmsweise gestattet ist. Sie wird von Rabbi Gerschom generell verboten. Die Beispiele ließen sich mehren; sie mögen genügen, um zu zeigen, daß eine ganze Anzahl von Bestimmungen der Bibel ihrem Inhalt nach völlig verändert und zum Teil in ihr Gegenteil verkehrt worden sind.

Wenn der vom Christentum entlehnte Begriff der Offenbarung ungeeignet ist, den Begriff der „Göttlichkeit" der Tora näherzubringen, wie läßt er sich dann positiv beschreiben? „Göttlichkeit" der Tora meint, daß alle einzelnen Bestimmungen der Tora Sinn und Bedeutung nur durch ihre Beziehung zum Göttlichen haben und daß sie nur in ihrer Totalität und in ihrer Bezogenheit zur Sphäre des Göttlichen gesehen werden können und dürfen. Jedes Betrachten von Einzelgesetzen nur in Bezug zu irgendwelchen Sphären – der rationalen, sozialen, hygienischen usw. – steht im Widerspruch zur Idee von der Göttlichkeit der Tora. Es stimmt zwar, daß einzelne Gesetze auch Auswirkungen auf diese Sphären haben, aber sie dürfen nicht mit Bezug auf sie beschlossen und bejaht werden.

Für die hier so verstandene Göttlichkeit der Tora gibt es keine Beweismittel; sie läßt sich nur begreifen aus der Evidenz und der Wirklichkeit des Erkennens ihrer Einheit (dem Bezug, nicht dem Verfasser nach) und ihrer Göttlichkeit, also ihres einheitlichen Bezugs auf die Sphäre des Göttlichen. Es geht hier nicht um einen Glauben an Aussagen über einen geschichtlichen Zeitpunkt, sondern um gegenwärtige Beziehung. Der Satz, daß alle Generationen am Sinai gestanden haben, bekommt hier Sinn und Bedeutung.

Wenn es heißt: „Früher waren unsere Väter Götzendiener, da geschah einmal das Wunder, daß sie von der Knechtschaft zur Freiheit geführt wurden und Gott begegneten", dann meint „einmal" nicht „auf einmal" oder „zu einem bestimmten Zeitpunkt", sondern daß von da an all ihr Schaffen dem Bezirk des Göttlichen entwuchs. Das Gesetz ist nichts Absolutes; es ist nicht den Engeln gegeben, sondern es ist gegeben, um mit ihm die Menschen zu läutern. Es wird in der Messianischen Zeit aufgehoben sein. Der Inhalt ändert sich deshalb mit der Veränderung des Volkes, dem es gegeben ist. So ist für ein gewisses Stadium der Reife und für die Erkenntnis des Volkes etwa die Normierung der Todesstrafe ebenso notwendig und also dem Bezirk des Göttlichen entstammend, wie für ein anderes ihre Abschaffung. Gleiches gilt für den Inhalt anderer Bestimmungen.

Die Göttlichkeit der Bestimmungen der Tora wird nicht garantiert durch Autor und Entstehungszeit – auch die rabbinischen Gebote heißen göttliche Gebote! – sondern allein durch ihre Bezogenheit auf das Göttliche, wodurch sie in die Totalität des aus dieser Sphäre entlassenen und stammenden Gesetzes eingeordnet sind. Deshalb sind alle gesetzlichen Bestimmungen irgendeines Schülers aus irgendeiner Zeit schon dem Moses am Sinai gegeben worden, so daß Moses am Sinai auch schon die ganze mündliche Lehre empfing.

Woher nimmt eine neue oder veränderte Gesetzesbestimmung ihre Legitimation? Welches ist das Prinzip der Entwicklung des Gesetzes?

Die Legitimation, aus der Sphäre des Göttlichen zu stammen, nimmt jedes neue Gesetz unter ganz bestimmten Bedingungen aus der Tatsache, daß das Volk seit der „Begegnung“ Träger des göttlichen Geistes ist und all sein Schaffen von dieser Begegnung an aus dem Göttlichen stammen muß. Das Volk, das Gott begegnet ist, muß immer Träger des Göttlichen sein. Nur durch die Tatsache, daß die Begegnung am lebendigen Volk geschah, ist die Idee der Göttlichkeit des nachbiblischen Gesetzes wie auch die der Einheitlichkeit aller Traditionen – unabhängig von der faktischen Entstehungszeit und dem Autor – zu erklären.

Zur Unterstützung dieses ersten, inhaltlichen Prinzips, dient ein zweites, formales, das die Bedingungen regelt, unter denen eine Veränderung und eine Entwicklung erlaubt ist. Formal muß jedes [neue oder veränderte] Gesetz an einen Satz der Tora anknüpfen. Es geht dabei also nicht um eine inhaltliche, sondern nur um eine formale Anknüpfung, ja oft steht diese im Gegensatz zur inhaltlichen Seite. So kommt es vor, daß Worte und Gesetze aus der Tora aus ihrem Zusammenhang gerissen werden und zur formalen Anknüpfung einer Bestimmung dienen, die im Gegensatz zum Inhalt der vollständigen Stelle steht. Dieses Prinzip der formalen Anknüpfung an die Tora ist Ausdruck des primären Prinzips: Der göttliche Geist ist eben nur die Form aller Gesetze der Bibel, und nur diese Form ist absolut und unveränderlich. Dieses formale Prinzip ist aber auch Bürgschaft für die Sicherheit von Bestimmungen, für deren Entwicklung und beugt der Gefahr vor, dem Geist von ganz fremden, die Totalität und Einheit störenden Bestimmungen zu erliegen. Vor diesem Hintergrund wird auch die traditionelle Bestimmung verständlich, daß die Deutungsregeln, mit deren Hilfe alle Veränderungen vorgenommen werden (vgl. H. Strack, 1908, S. 119ff.) und mit denen die Tora gedeutet wird, schon Moses am Sinai übergeben wurden: Die Deutung und Veränderung des Gesetzes darf nur und muß immer im Geiste jener größten Begegnung erfolgen. Was immer aus diesem Geist heraus vom Volk getragen wird und unter Respektierung jener formalen Bedingungen erneuert und verändert wird, ist legitimiert. Entwicklungen der Tora vorzunehmen, zu ändern, zu erneuern, ist nicht den Priestern, sondern allein einem maßgeblichen Kollegium von Rabbinen vorbehalten, die durch ihr Wissen am tiefsten in den Geist des Ganzen eingedrungen sind und um seine Einheit wissen.

Aus dem Gesagten ergibt sich, daß der formale Konservativismus durchaus keine inhaltliche Erstarrung bedeutet; im Gegenteil, er ermöglicht erst die inhaltliche Veränderung. Dies läßt sich an der Persönlichkeit von Rabbi Akiba verdeutlichen: Rabbi Akiba begründete am stärksten und endgültig das Prinzip des formalen Konservativismus. Der Midrasch bemerkt denn auch treffend, daß Rabbi Akiba an jedes Krönchen der Buchstaben (das sind die Verzierungen der geschriebenen hebräischen Quadratschrift) eine Halacha befestigte. Und eben dieser Rabbi Akiba zählte zweifellos zu den stärksten prophetischen und revolutionären Gestalten des Rabbinismus. Er war es, der das (bereits zitierte) Verdikt gegen die Todesstrafe aussprach; er erklärte das Hohelied zur heiligsten der Heiligen Schriften; er sah in Bar Kochba, dem Führer des letzten großen Aufstandes gegen die Römer, den Messias.

Sinn und Bedeutung des formalen Konservativismus werden auch angesichts des Karäismus, der Reform[bewegung] und der modernen Orthodoxie verständlicher. Der Karäismus verneinte das Volk als Einheit, wollte Sekte sein und zerschnitt die politischen und nationalen Bande, die ihn mit der Gesamtheit verbanden. Damit war für ihn aber die Göttlichkeit und Einheit der Bibel im oben dargestellten Sinne unmöglich. Wenn das Volk als Träger des göttlichen Geistes verneint wird, wenn verneint wird, daß das Schaffen des Volkes aus diesem göttlichen Geist fließt, und wenn verneint wird, daß die Rabbiner im Namen des heiligen Volkes unter Wahrung der formalen Bedingungen die gesetzlichen Veränderungen für das ganze Volk zur jeweiligen Zeit festzulegen und verbindlich zu erklären haben, dann hört das Gesetz auf, etwas Lebendiges zu sein; es wird starr und es gibt keine mündliche Tradition mehr, die dieselbe Legitimation hat. Die Folge ist, daß der Inhalt der Bibel für unveränderlich und sakrosankt erklärt wird und daß sie in der eingangs geschilderten Weise für geoffenbart erklärt wird. Die Göttlichkeit der Bibel und auch der mündlichen Tradition hört auf, Gegenwart zu sein; statt dessen geht es um einen Glauben an ein historisches Faktum, wird die Göttlichkeit der Bibel zum Dogma. Beim Karäismus wird der Zusammenhang zwischen der Tatsache der Preisgabe der Volkseinheit einerseits und der Tatsache der alleinigen Anerkennung des Bibelwortes dem Inhalt nach mit der notwendigen Konsequenz einer Dogmenbildung andererseits besonders deutlich.

Bei der modernen westlichen Orthodoxie liegen die Dinge

nicht prinzipiell anders. Leugnete der Karäismus den nationalen Zusammenhang in einer Epoche starken blühenden nationalen Lebens, so ist für die moderne Orthodoxie eine geschichtliche Situation kennzeichnend, bei der – aus hier nicht zu untersuchenden Gründen – seit Mitte des 19. Jahrhunderts die nationale Einheit des Volkes tatsächlich außerordentlich geschwunden ist. Das Volk hat deshalb seine metaphysische Funktion als Träger der Offenbarung und legitimer Fortführer des Gesetzes mit dem Schwinden dieser Einheit verloren. Der Reform blieb nur die gleiche Konsequenz wie dem Karäismus: Man mußte die Möglichkeit der Entwicklung leugnen und den zu Beginn angedeuteten Offenbarungsbegriff einführen. Der Karäismus befand sich dabei in einer Situation lebendigen und selbstverständlichen nationalen Lebens und mußte infolgedessen nur die Heiligkeit der 24 Bücher der heiligen Schrift anerkennen (geht typischerweise aber auch schon über die Tora als halachische Quelle hinaus), während die Orthodoxie das ganze Werk des Rabbinismus als heilig und im historischen Sinn als wirklich schon am Sinai gegeben ansieht. Dies ist freilich nur ein gradueller, kein prinzipieller Unterschied, denn für beide gibt es kein Volk mehr, das lebendiger Träger der Offenbarung wäre und das die Möglichkeit der Entwicklung des Gesetzes garantierte.

Ähnlich wie mit der Orthodoxie verhält es sich auch mit der Reform[bewegung]. Auch für sie fehlt der Begriff des Volkes als lebendigen Trägers der Offenbarung, auch für sie ist die Bibel heilig durch das historische Faktum der Offenbarung. Da sie aber aus Gründen, die außerhalb der religiösen Sphäre liegen, die praktischen Konsequenzen des Gesetzes zum großen Teil ablehnt, ist sie auch zu einem prinzipienlosen Individualismus des Auswählens gezwungen, was ihre Position im Vergleich zu der der Neoorthodoxie noch schwächer gestaltet.

II. Der Karäismus

1. Der geschichtliche Kontext

Bevor wir zur Strukturanalyse des Karäismus schreiten, sei ein kurzer Blick auf seine Geschichte geworfen, wie ihn uns der heutige Stand der Forschungen ermöglicht. (Vgl. besonders die ausgezeichnete Darstellung der Geschichte des Karäismus in der Realenzyklopädie für Protestantische Theologie und Kirche, Band X, S. 54ff.)

Der Stifter der Sekte der Karäer (= Söhne der Schrift [„Bene Mikrah"], von karo = lesen) ist Anan ben David, der 761 zur Zeit des Kalifats von Abu Ga'far al-Mansur mit seinem Bruder um die Würde des Exilarchen in Streit geriet. Als es ihm nicht gelang, das Exilarchat an sich zu reißen, gründete er eine neue Sekte. Beim Kalifen wurde er wegen dieses Aufruhrs angeklagt und vermochte sich nur dadurch zu retten, daß er vorgab, seine Religion sei von der des rabbinischen Judentums ganz verschieden. Vor allem sei seine Berechnung des Neumonds nicht die des rabbinischen Judentums, sondern entspreche der des Islam.

Mag auch die Aussage, die ihm zugesprochen wird, nicht genau in dieser Formulierung und Prägnanz von ihm gesagt worden sein, so drückt sie doch seine antirabbinische Tendenz treffend aus: „Forschet sorgfältig in der Tora!" Er und seine Anhänger wurden mit dem Bann belegt (vgl. J. Fürst, 1862, S. 59) und aus dem Kreis des Judentums ausgeschlossen. Die Karäer ihrerseits sagten sich von den Rabbaniten los [den Anhängern der rabbinischen Tradition]. Von ihrer langsamen Lostrennung von der jüdischen Gemeinschaft wird später zu sprechen sein.

Anan ben David verfaßte das „Sefer ha-Mizwot“ [Buch der Gebote], eine Kodifizierung aller von ihm als gültig anerkannten Gesetze; ferner schrieb er einen Kommentar zum Pentateuch und schließlich die Schrift „Fadlaka“ („Summe“), die wohl eine Dogmatik [oder eine Zusammenfassung des Sefer ha-Mizwot] war. Erhalten haben sich von seinen Werken nur größere zusammenhängende Stücke aus dem Sefer ha-Mizwot, Stellen aus verschiedenen Schriften von ihm und Zitate späterer Schriftsteller, die aus seinen Werken zitieren.

Der bedeutendste Nachfolger Anans war Benjamin ben Moses Nahawendi (um 830 bis 860). Er betonte vor allem, daß Gott unsinnlich und nicht menschenähnlich sei, ähnlich wie dies vor ihm schon der Perser Jehuda Judguan entsprechend der mohammedanischen Schule der Mu'tasila getan hatte (vgl. A. Neubauer, 1866). Gott sei zu erhaben, als daß er sich selbst dem Menschen offenbaren würde, so daß vielmehr die Offenbarung durch einen Engel erfolgt sei, der überhaupt alles getan habe, was die Tora Gott tun läßt. Von seinen Schriften hat sich nur das „Sefer Dinim“ (Rechtsvorschriften) erhalten, die übrigen Schriften (Kommentare zu verschiedenen Schriften der Bibel und ein Sefer ha-Mizwot) kennen wir nur aufgrund von Zitaten bei anderen. Er war der erste karäische Autor, der in hebräischer Sprache schrieb. Er bildete die Theologie des Karäismus weiter aus, nahm aber gegenüber dem Rabbinismus keine so feindselige und haßerfüllte Stellung mehr ein wie sein Vorgänger Anan.

Im 10. Jahrhundert breitete sich der Karäismus rasch aus. War er schon früher nach Palästina gekommen, so finden wir ihn jetzt auch in Griechenland und Spanien. Gleichzeitig verloren die Karäergemeinden in Persien und Babylonien an Bedeutung. Die Karäer in Jerusalem bildeten eine besondere Gruppe. Sie nannten sich „Awele Zions“ (um Zion Trauernde) und hatten starke asketische Züge. Einer ihrer bedeutendsten Gelehrten war Nissi ben Noach (um 850 n. Chr.). Er schrieb ein Werk über die religiösen Pflichten.

Den geistigen Höhepunkt erreichte der Karäismus im 10. und 11. Jahrhundert, zu einem Zeitpunkt, da ihm in Gaon Saadja (892-942) sein stärkster Gegner aus dem Rabbinismus entgegentrat. In seinen „Widerlegungen" und in dem „Buch der Unterscheidungen" behandelte Gaon Saadja die strittigen Punkte zwischen Karäismus und Rabbinismus und griff die Karäer ähnlich heftig an wie in seinem religionsphilosophischen Werk „Buch von Glaube und Wissen". Die Karäer wehrten sich ebenso energisch gegen die Angriffe. Salmon ben Jeroham wies in seinem Buch „Milchamoth Adonaj" [Buch der Kriege Gottes] und in seinen Kommentaren zu einigen Büchern der Bibel Saadjas Argumente zurück. Desgleichen wehrten sich Sahl ben Masliach (um 950 n. Chr.), dessen hebräische Grammatik leider verlorengegangen ist, und Japhet ben Eli (ca. 915-1008 n. Chr.), von dem uns Teile seines Pentateuchkommentars sowie Kommentare zu Jesaja, Jeremias, den kleinen Propheten, zu den Psalmen sowie zu den Sprüchen Hiobs und Daniels erhalten sind.

In der ersten Hälfte des 10. Jahrhunderts gibt es eine karäische Philosophie, die sich im wesentlichen der mohammedanischen Schule des Mutakallimun (Lehrer des Wortes) angeschlossen hatte. Diese wollte die Glaubenssätze mit der Vernunft begründen. Besonders die Mutaziliten, eine mohammedanische Sekte, beeinflußten die Karäer, die an Stelle des Buchstabenglaubens der palästinensischen Orthodoxie bezüglich der Prädestinationslehre, der Lehre von den Attributen Gottes und des Verständnisses von Offenbarung rationale Formulierungen des Dogmas setzten. Von den Mutaziliten geprägt war besonders das „Buch der Prüfung" und die „Rechtfertigung des göttlichen Gerichts" von Josef ben Abraham al Basir.

Endlich sei noch ein Vertreter der mehr asketisch-mystischen Richtung des Karäismus genannt: Juda Hadassi (1075-1160). Sein außerordentlich schwerfällig geschriebenes hebräisches Werk „Eschkol Ha-Kofer" repräsentiert Gesetz und Anschauung dieses Zweiges des Karäismus.

Mit dem 12. Jahrhundert beginnt der Karäismus zu zerfallen und zeitigt auch keine bedeutenden Menschen und Werke mehr. Die Sekte der Karäer ist vor allem noch in Litauen, in Polen und auf der Insel Krim vertreten. Hier leben sie friedlich mit den Rabbaniten zusammen, mit ihnen das gemeinsame Leiden und das Unterdrücktsein durch die fremden Herrscher tragend. Als die Nachkommen der Karäer im 19. Jahrhundert in Rußland bürgerlich gleichgestellt werden konnten, waren sie rasch bereit, auf alle Gemeinsamkeiten mit den Juden zu verzichten – und sie erreichten, was sie wollten. Durch ihre rechtliche Gleichstellung besserte sich rasch ihre wirtschaftliche Lage. Sie wurden reiche Tabakfabrikanten, die sich allmählich auch wieder den Luxus eines geistigen Lebens leisten konnten. Zwar brachten sie es nicht mehr zu eigenen schöpferischen Gelehrten, doch konnten sie immerhin eine eigene Druckerei eröffnen, in der sie ihre Literatur druckten. Auch schenkten sie der Wissenschaft einen Mann, A. Tirkowitsch, der durch ausgedehnte Fälschungen von Grabsteinen und Dokumenten der wissenschaftlichen Erforschung des Karäismus Hindernisse in den Weg gelegt hat, an denen eine Anzahl von Autoren auch gestrauchelt sind.

2. Die wirtschaftlichen Ursachen für die Entstehung des Karäismus

a) Die wirtschaftliche, politische und kulturelle Situation zum Zeitpunkt der Entstehung des Karäismus

Die Ursachen für die Entstehung des Karäismus werden uns aus der Betrachtung der wirtschaftlichen, politischen und kulturellen Situation des babylonischen Judentums vor und zur Zeit der Entstehung des Karäismus verständlich werden. Erst wenn wir die wirtschaftlichen Grundlagen für die Entstehung der Sekte untersucht haben, werden wir zur Analyse ihrer gesellschaftlich-religiösen Struktur schreiten.

Wie war die Situation des Judentums zur Zeit der Entstehung des Karäismus? Die Juden bewohnten seit Jahrhunderten das Land, und zwar ein ziemlich einheitliches Gebiet. Schon nach der Zerstörung des ersten Tempels [587 v. Chr.] war das Land eine Hochburg der jüdischen Tradition und Kultur. Auch wenn dann bis zur Niederwerfung des letzten jüdischen Aufstandes um die Mitte des dritten Jahrhunderts [n. Chr.] Palästina das Zentrum des Volkes und seiner Kultur war, so bestand in Babylonien doch schon eine alte nationale und kulturelle Tradition.

Zwischen 200 und 500 n. Chr. entstand dort der babylonische Talmud (vgl. H. L. Strack, 1908), der die Mischna (das außerbiblische Gesetz, die erste Kodifizierung der „mündlichen Lehre") und eine Zusammenfassung der Diskussionen über die Mischna enthält. In den Lehrhäusern von Sura [Rabbi Huna], Pumbadita [Rabbi Joseph ben Chija] und Nahardea lehrten die bedeutendsten Führer der Nation vor Tausenden von Schülern aller sozialen Klassen. Die Schulen in Palästina verloren ihre Bedeutung, die Gelehrten siedelten nach Babylonien über, so daß die babylonische Epoche des [nachbiblischen] Judentums eine kulturelle Blütezeit des jüdischen Volkes war.

Der geschlossenen autonomen nationalen Kultur entsprach auch die rechtliche Lage der Juden in Babylonien. Sie genossen völlige politische Autonomie. Der äußere politische Repräsentant dieser Autonomie war der Exilarch, der zugleich ein hoher Beamter des neupersischen Reiches war. Die Repräsentanten des geistigen Lebens hingegen waren die Oberhäupter der großen Lehrhäuser. Die Gerichtsbarkeit lag völlig in jüdischen Händen. Jeder Jude unterlag dem talmudischen Recht.

Das talmudische Recht aus der babylonischen Zeit kann als Spiegel der damaligen wirtschaftlichen Situation verstanden werden. Diese gilt es zunächst darzustellen. (Vgl. zum Folgenden S. Funk, 1902 und 1908; G. Caro, 1908, Band I; L. Herzfeld, 1879; I. Schipper, 1907.)

Die Juden in Palästina und Babylonien waren beruflich vor allem Grundbesitzer, Ackerbauern, Handwerker und Kleinhändler. Großhandel dagegen betrieben sie nicht (vgl. G. Caro, 1908, Band I, S.29). Ihr konservativer Grundzug zeigte sich darin, daß sie gegen die Freizügigkeit und die Bewegung waren, die mit dem Handel verbunden sind. Sie wußten nur zu gut, daß man auf Reisen in fremde Länder mehr der Versuchung ausgesetzt war, auf Irrwege zu geraten, als in der Heimat, wo das Leben vor den Augen der Freunde und Verwandten abläuft. Auch wußten sie, daß der handelnde Kaufmann auch sonst eher als der Landmann in die Lage kommt, seine Mitmenschen zu übervorteilen (vgl. S. Funk, 1902, sowie den Traktat Kidduschin, 4,14 [Fol. 82a]).

Nicht nur die einfachen Menschen betrieben Ackerbau, sondern auch die Rabbinen besaßen und bewirtschafteten ausgedehnte Ökonomien. Die rabbinischen Schulen kennen deshalb viele auf die Feldarbeit bezogene Verordnungen. In dem Maße allerdings, in dem es zum Niedergang der Landwirtschaft und zur Armut der Landwirte kam, an dem der politische Druck und die zunehmende Unsicherheit viel Schuld hatten, kam es auch zum Niedergang und zur Armut der Rabbinen.

Wie über den Ackerbauer, so ist der Talmud auch voll des Lobes für den Handwerker. Das biblische Wort, daß man sich das Leben erwählen soll, wurde auf das Handwerk bezogen, das man wählen solle. Wer seinem Sohn kein Handwerk beibringt, lehre ihn eo ipso Räuberhandwerk. Und wer ein Handwerk treibt, gleiche einem Weingarten, der eine Schutzmauer, oder einer Grube, die einen Wall habe. Bezeichnend ist auch das Sprichwort aus Babylonien: „Sieben Jahre mag die Hungersnot dauern, aber an die Türe des Handwerkes kommt sie nicht.“ (Vgl. Traktat Taanith 3,1-9 [Fol. 23a].)

Im Gegensatz zum Ackerbau und zum Handwerk steht der Talmud dem Handel skeptischer gegenüber. Wir finden rabbinische Aussprüche und Bestimmungen, die dem freien Handel entgegenarbeiten. Man solle mit dem Handel überhaupt wenig zu schaffen haben; oder man dürfe in Palästina mit Dingen, an denen das Leben hängt, zum Beispiel Wein und Öl, überhaupt keinen gewinnträchtigen Handel treiben oder sie gar ins Ausland bringen.

Bis in unsere Zeit verpönt war der Großhandel, insbesondere der überseeische Handel. Geld, das aufgrund des Handelns mit den Seeprovinzen erwirtschaftet wurde, galt als fluchbeladen. Daß an ihm kein Segen sei, wurde damit begründet, daß man Gott nicht versuchen dürfe (vgl. S. Krauß, 1911, S. 354). So kam es, daß selbst der Import notwendiger überseeischer Waren nicht von Juden, sondern von fremden, vor allem von phönizischen und griechischen Händlern getätigt wurde. Wenn man mit einer Karawane mitzieht, so lehren die Rabbinen, dann solle man tunlichst die Geschäfte rasch abwickeln, um das Herumwandern möglichst schnell loszuwerden. Die Händler selbst galten als geldgierig und ungelehrt. Der wirtschaftlichen Lage entsprach die rechtliche. Das talmudische Recht kannte noch keinen größeren Kreditverkehr, wie er für jeden Großhandel die Voraussetzung ist. Der Schuldner haftete nach seinem Tod nur mit seinen Mobilien, nicht aber mit seinen Immobilien.

Mit der aufgezeigten wirtschaftlichen Gliederung waren die Juden ganz der wirtschaftlichen und politischen Lage Babyloniens angepaßt. Dieser politische Zustand wird aber 636 n. Chr. durch die Zerstörung des neupersischen Reiches durch die Araber umwälzend verändert. Mit Riesenschritten ging der Islam daran, die Welt zu erobern. Mit der Eroberung Babyloniens gewannen die Araber dann auch Palästina (637 n. Chr.), Ägypten und Syrien (757 n. Chr.) hinzu; gegen Ende des siebten Jahrhunderts holten sie sich ganz Nordafrika und vernichteten 711 durch die Schlacht am Wadi Bekka (Rio Barbate) das Westgotenreich, so daß die ganze iberische Halbinsel, bis auf ein kleines Stück im Norden, ihr Eigentum wurde. In weniger als 100 Jahren hatten sie so ein einheitliches Weltreich geschaffen, das ohne Unterbrechung von Babylonien bis Spanien reichte.

Mit der Gründung dieses Weltreiches und der Einbeziehung Babyloniens traten sofort völlig neue wirtschaftliche Entwicklungen auf, die sich vor allem in einem das ganze Reich umspannenden Großhandel zeigten. Hatte bisher die wirtschaftliche Möglichkeit zum Großhandel gefehlt und hatten sich die Juden infolgedessen, wie wir sahen, im Großhandel nicht betätigt, so entstand jetzt neuer Anreiz und neue Möglichkeit. Langsam und allmählich hatte sich in Babylonien eine große kapitalistische Klasse von Leuten gebildet, die Geldgeschäfte machte und für die nun im Großhandel eine ausgezeichnete Anlage- und Verdienstmöglichkeit sich bot. (Vgl. J. Schipper, 1907, S. 7.)

Das babylonische Judentum, dessen rechtliche und politische Autonomie durch die Araber eher noch gefestigt, als daß es angetastet wurde, war jedoch durch sein auf ganz andere wirtschaftliche Verhältnisse ausgerichtetes Recht unfähig, dieser neuen wirtschaftlichen Tendenz zu folgen. Es mußte rechtlich eine Neuordnung vornehmen, um den neuen Forderungen der Wirtschaft gerecht werden zu können. Im Jahre 781 n. Chr. nahm es diese Umstellung tatsächlich vor. Vom Gaonat wurden neue zivilrechtliche Verordnungen erlassen, die auf eine wirtschaftliche Strukturveränderung der babylonischen Juden schließen lassen. Mit diesen neuen Rechtsvorschriften wurden vor allem die rechtlichen Grundlagen eines Kreditverkehrs geschaffen und die bereits erwähnte alleinige Haftbarkeit mit Mobilien zugunsten der Einbeziehung auch der Immobilien aufgehoben. Auch H. Graetz, der gewöhnlich wirtschaftliche Hintergründe für rechtliche und religiöse Entwicklungen übersieht, bemerkt zu diesem eben doch gar zu offensichtlichen Vorgang: „Es scheint, daß diese Verordnung aus einem Zeitbedürfnisse infolge der Besitzveränderungen der Juden im Chalifat hervorgegangen ist. Bis dahin Bodenbesitzer, Ackerbauern und Viehzüchtler, haben sie sich seitdem mehr auf den Handel gelegt, den die bedeutende Ausdehnung des islamischen Reiches von Indien bis zu den Säulen des Herkules begünstigt hat.“ (H. Graetz, 1871, S. 186.)

Schon 711 war die Gründung des islamischen Weltreiches beendet. Die neue Tendenz zum Großhandel muß im babylonischen Judentum rasch zur Geltung gekommen sein, wenn ihr das Gaonat bereits 787 durch neue zivilrechtliche Verordnungen Rechnung trug.

Die Pioniere der seit der Mitte des achten Jahrhunderts wirksamen neuen Wirtschaftstendenz mußten durch das talmudische Recht aufs schwerste gefesselt gewesen sein, bis 787 n. Chr. die neuen Verordnungen kamen. Vermutlich hat erst eine kleine Oberschicht die rechtlichen Fesseln sprengen wollen, während sich das Gesamtjudentum erst allmählich von ihnen befreite. Aufgrund der politischen und rechtlichen Autonomie des babylonischen Judentums war es nicht möglich, das jüdische Recht zu mißachten, da für Juden nur das jüdische Gericht zuständig war, und dieses konnte seine Urteile mit Hilfe der Staatsgewalt vollziehen. Wer mit dem jüdischen Recht brach, trat zugleich aus der Autoritätssphäre der jüdischen Autonomie und ihres Vertreters, des Exilarchen, heraus.

Wollte sich eine jüdische Oberschicht den Bestimmungen des jüdischen Rechts entziehen, so mußte sie aus dem nationalen Verband überhaupt austreten. Da die arabischen Herrscher auch dieses nicht ohne weiteres zuließen, bedurfte es einer eigenen Ideologie, die zu beweisen hatte, daß nicht Mutwille Juden aus dem Bereich der jüdischen Selbstherrschaft trieb; vielmehr mußten die Sezessionisten eine von der Mehrheit der Juden in wesentlichen Punkten grundsätzlich verschiedene Gruppe darstellen. Die angestrebte politisch-rechtliche Loslösung und die Befreiung von den Fesseln der jüdischen Autonomie wurde mit der Erfindung einer religiösen Sonderideologie und mit der Gründung einer neuen religiösen Sekte bewerkstelligt. Die neue Gruppe wollte sich nicht vom Judentum an sich und von seinen Prinzipien völlig trennen, doch es kam ihr sehr darauf an, all jene rechtlich-politischen Fesseln los zu sein und alle Schwierigkeiten hinwegzuräumen, die der neuen Großhandelstendenz entgegenstand. Für eine völlige Trennung war der nationale Zusammenhang noch zu groß und die nationale Kraft noch zu stark.

b) Der wirtschaftliche Hintergrund der Entstehung der karäischen Sekte

Wir haben bisher zu zeigen versucht, in welcher Weise die wirtschaftliche, rechtliche und politische Situation des babylonischen Judentums im achten Jahrhundert die Bildung einer jüdischen Sekte möglich, ja wahrscheinlich und notwendig gemacht hat. Im Folgenden wird zunächst zu zeigen sein, daß und inwiefern die für die Bildung einer Sekte angenommene wirtschaftliche, politische und kulturelle Situation in der Mitte des achten Jahrhunderts auch tatsächlich auf die Entstehung der Sekte der Karäer zutraf. Ein solcher Aufweis leidet unter einem doppelten Mangel, der uns zwingt, manche indirekten Schlüsse zu ziehen: Zum einen fehlen uns in großem Umfang Nachrichten über Berufe und wirtschaftliche Tätigkeiten der Karäer, die allein direkte Schlüsse auf ihre wirtschaftliche Lage zuließen; zum anderen sind uns die ersten Schriften und Gesetzesbücher der Karäer nur außerordentlich lückenhaft und unvollkommen überliefert, so daß wir auch nicht feststellen können, inwieweit ihre ersten rechtlichen und religionsgesetzlichen Verordnungen Ausdruck einer bestimmten wirtschaftlichen Tendenz sind. Trotz dieses doppelten Mangels soll nachfolgend versucht werden, den wirtschaftlichen Hintergrund der Entstehung der karäischen Sekte aufzuzeigen.

Wäre der Karäismus in Wirklichkeit eine religiöse Sekte gewesen und aus dem Wunsch entstanden, den religiösen Prinzipien des rabbinischen Judentums ein neues – ebenfalls autonomes – Prinzip in der Sphäre des Religiösen entgegenzusetzen, dann hätte seine Entstehung vor allem mit der Proklamation dieses Prinzips anheben müssen. Statt dessen trat das Gegenteil ein, und zwar das, was nach unserer allgemeinen Annahme eintreten müßte, wenn es sich in erster Linie um eine aus wirtschaftlichen Momenten entstandene Abspaltung handelt. Die Abspaltung hatte eine politische Ursache und auch in erster Linie nur eine politisch-rechtliche Konsequenz.

Anan, der Bruder des vom Kalifen Abu Ga'far al-Mansur bestätigten Exilarchen [Chananja], hatte sich zum Gegenexilarchen aufgeworfen, also den Versuch einer politischen Abspaltung unternommen, womit er die Fesseln sprengen wollte, die das einheitliche Exilarchat für das gesamte babylonische Judentum bedeutete. Erst als ihn der Kalif wegen dieses aufrührerischen Vorgehens gefangensetzte, weil sein Tun aufgrund der Tatsache, daß der Gesamtstaat die jüdische Autonomie garantierte und schützte, auch ein Vergehen gegen den babylonischen Staat war, mußte Anan, um seinem Vorgehen den Anschein der Berechtigung zu geben, eine neue Ideologie vorschieben und erklären, daß sein Judentum ein anderes sei als das seines Bruders, des Exilarchen. Vom Kalifen danach gefragt, worin denn die Hauptdifferenz liege, antwortete Anan unter anderem mit dem bezeichnenden Hinweis, seine religiösen Anhänger nähmen nicht die Feststellungen des Kalenders nach rabbinischer Art vor (nämlich anhand eines mathematisch im voraus berechneten Kalenders), sondern nach Art der Mohammedaner, die den Kalender an den Vollmondzeiten orientierten.

Es läßt sich also zeigen, daß bei der Gründung der Sekte durch Anan zunächst ein rein politisches, kein eigentlich religiöses Moment zur Geltung kommt. Die ideologische Trennung vom rabbinischen Judentum wird später viel entschiedener durchgeführt, ja so entschieden, daß jüngere Karäer Anan den Vorwurf machen, er selbst sei ein Anhänger von Mischna und Talmud gewesen (vgl. A. Neubauer, 1866, S. 6). A. Harkavy beschreibt Anan in der Jewish Encyclopedia (Band I, S. 554): „His ‚Sefer ha-Mizwot' (The Book of the Precepts)...betrays very clearly, that its author was anything but an original genius. He simply appropriated interpretational deviations, already existing, and ancient doctrinal differences."

Ein zweites Argument für die Annahme, daß die Entstehung

des Karäismus vor allem vor dem wirtschaftlichen Hintergrund zu verstehen ist, ist die rasche Ausbreitung der Sekte. Allen Autoren fällt auf, wie schnell sich die Sekte ausgebreitet hat (vgl. etwa J. Fürst, Band I, 1862, S. 122). Im neunten Jahrhundert, also etwa 50 Jahre nach ihrer Entstehung, finden wir schon ganze Karäergemeinden, und dies nicht nur in Bagdad und Jerusalem, sondern auch im Iran, in Persien, Medien, Armenien, Syrien, Ägypten und Nordafrika; nicht viel später gibt es auch schon in Spanien Karäer. Solche ausgedehnten Reisen sind überhaupt nur dann zu erklären und zu verstehen, wenn man annimmt, daß die Karäer diese Reisen aus geschäftlichen Gründen vornahmen. Wo immer sie hinkamen, sie gründeten karäische Genossenschaften und ließen ihren Genossen in fremden Ländern Hilfe und vielleicht auch Kredit und andere wirtschaftliche Vorteile zukommen. Auch L. Herzfeld (1879, S. 218) vertritt die Ansicht, daß alle jüdischen Wanderungen jener Zeit aus Gründen des Handels erfolgten.

Waren die Karäer eine Schicht von Großhändlern, die viel und vereinzelt unter Andersgläubigen herumkamen, dann ist auch anzunehmen, daß sie die Tendenz hatten, sich an ihre Umgebung möglichst gut anzupassen und alle auffällig wirkenden religiösen und nationalen Unterschiede zu verdecken. Schon bei der Gründung der Sekte durch Anan tritt diese Tendenz zur Anpassung an den Islam deutlich hervor. A. Harkavy (Jewish Encyclopedia, Band I, S. 554) sieht auch Anan so: „Moreover, Anan won for himself the special favor of the calif by his protestations of deep veneration for Mohammed as the prophet of the Arab nation and of the world of Islam, and by the declaration that his new religion, in many points, entirely coincided with the Mohammedan; instancing the fact that the setting of the festivals was not decided by the astronomical calculations of a calendar – as with the rabbinical Jews – but by the actual observation of the new moon – as with the followers of Islam. In this way the prisoner, though he had already been condemned to death, succeeded in gaining not only his freedom, but also in winning the favor and the protection of the ruler and of all the Arab authorities – a circumstance which proved of the greatest assistance to this new sect, so strangely founded."

Mit Anans [konformistischem] Verhalten war dem ganzen späteren Karäertum für die Beziehung zum Islam prinzipiell der Weg vorgezeichnet. Er selbst war ihn vorausgegangen. In diesem Zusammenhang ist es nicht ohne Interesse, daß später die karäische Gemeinde in Konstantinopel ihre Generalversammlung nicht unmittelbar vor den ersten jüdischen, sondern vor den ersten arabischen Monat legte (vgl. H. Jaulus, 1876, S. 73-77). Die Anlehnung an den Islam zeigt sich in den Entlehnungen aus der mohammedanischen Theologie. Dies gilt auch für die drei Methoden der karäischen Schriftauslegung: logische Schlußfolgerung [Hekesch], Wortlaut der Schrift [Ketab] und Übereinstimmung [Kibbuz] der Gemeinschaft. Gerade die letzte Methode mag für eine Sekte unverständlich bleiben, splittert sich eine Sekte ja doch von der Gemeinschaft ab. Daß man sie dennoch in dieser Form angewandt hat, scheint nur in Anlehnung an das gleichlautende Prinzip im Islam möglich gewesen zu sein. Auch in anderen Punkten der Dogmatik ist die Anlehnung an den Islam zu bemerken. Benjamin ben Mose aus Nahawend (um 800), der erste bedeutende karäische Führer nach Anan, schließt sich eng an die mohammedanische philosophische Schule der Mutaziliten an. Er vertritt deshalb die Lehre, daß nicht Gott selbst, sondern einer seiner Engel die Welt erschaffen und die Tora gegeben habe. Daß die karäische Dogmatik eine enge Beziehung zur mohammedanischen hatte, empfanden auch die zeitgenössischen Rabbaniten. Jehuda Halevi, der große spanisch-jüdische Dichter, führt etwa die Tendenz der Karäer zur Individualisierung des Gesetzes auf mohammedanische Einflüsse zurück.

Die Tendenz des Karäismus zur Versöhnung und Annäherung ist auch dort nachweisbar, wo die Karäer mit dem Christentum in Berührung kamen. Schon Anan – wie später die meisten karäischen Führer – vertrat das Argument der Christen, daß die Juden Jesus zu Unrecht gekreuzigt hätten (vgl. H. Graetz, 1871,

S. 180f.). Jesus sei ein Prophet, wie auch Mohammed ein Prophet (der Araber) sei. Dieser Zug des Karäismus findet sich noch bei den Karäern der Neuzeit. Ein Hauptargument der Karäer in Rußland, mit dem sie ihre Emanzipation noch vor den übrigen Juden erreichen wollten (und auch tatsächlich erreichten) lautete, daß sie im Gegensatz zu den anderen Juden bei der Kreuzigung Jesu nicht dabei gewesen seien. Aber selbst dieser Annäherungsversuch an das Christentum entspringt einer dogmatischen Anpassung an den Islam, der neben der Lästerung Mohammeds auch die Lästerung der früheren Propheten, Moses und Jesus, verbietet.

Für den antinationalen Charakter des Karäismus typisch sind Bestimmungen, mit denen die Karäer die schon in der Bibel vorgeschriebenen Bundeszeichen der jüdischen Gemeinschaft ganz oder teilweise abschafften. So haben die Karäer nicht mehr die an den jüdischen Häusern befestigten Mezuza, [ein Kästchen mit einer] kleinen Pergamentrolle, auf der vier Abschnitte aus der Bibel aufgeschrieben sind. Auch tragen sie die Schaufäden nur noch beim Gebet und nicht mehr, wie bei den Juden sonst üblich, andauernd. Die Karäer haben also beide für die Außenwelt sichtbaren nationalen Abzeichen abgeschafft.

Die Anpassung an die Umwelt erstreckte sich bei den Karäern naturgemäß auch auf die Sprache. Anan schrieb seine Dogmatik in arabischer Sprache. Ein ägyptischer Karäer verfaßte das erste Gebetbuch in arabischer Sprache (vgl. A. Neubauer, 1866, S. 24). Im Gegensatz zu den Rabbinen bevorzugten die Karäer die arabische Sprache. Dies führte dazu, daß die Karäer in Spanien bei der Bevölkerung mehr Popularität besaßen als die Rabbinen, weil sie nicht hebräisch, sondern eben arabisch schrieben. Auch der erste arabisch geschriebene Kommentar zum Pentateuch stammt von einem Karäer, von Jeschua Aron (Ende des 9. Jahrhunderts).

Die Blütezeit des Karäismus liegt im 10. und 11. Jahrhundert, während er im 13. Jahrhundert bereits wieder niedergeht. In unserem Zusammenhang ist von besonderem Interesse, daß der geistige Niedergang des Karäismus im 13. Jahrhundert mit wirtschaftlichen Veränderungen in der Sekte einhergeht. Von 1200 n. Chr. an findet eine auffallende Abwanderung der Karäer in medizinische Berufe statt (vgl. J. Fürst, 1865, S. 224).

Der geistige Niedergang scheint durch einen wirtschaftlichen bedingt zu sein. Die Juden hatten reichlich Konkurrenz bekommen. Sie wurden verfolgt und aus allen wirtschaftlichen Positionen verdrängt. Ihnen wurde die Möglichkeit genommen, eine Gelehrtenschicht wirtschaftlich zu unterhalten, die den geistigen Kampf gegen die Rabbinen hätte übernehmen und die eigene Ideologie weiterentwickeln können. Dem allgemeinen Niedergang der karäischen Gemeinden ging der Niedergang des Karäismus im Entstehungsland, in Babylonien, schon voraus.

Es wurde bereits darauf hingewiesen, daß es nur spärliche Quellen zur wirtschaftlichen und beruflichen Situation der Karäer gibt. Von Byzanz berichtet Benjamin von Tuleda [um 1170 n. Chr.] in seiner Reisebeschreibung, daß neben 12000 Rabbaniten etwa 800 Karäer wohnten, durch eine Mauer voneinander abgetrennt. Die Rabbaniten galten als die Gelehrten; unter den Karäern gab es Seidenfabrikanten, viele Kaufleute und viele Reiche. Nach der Vertreibung der Juden aus Spanien ließen sich viele Juden in Konstantinopel nieder und wurden Hauslehrer in karäischen Familien. Die Karäer stellten also eine begüterte Schicht dar. Daß die Karäer in Byzanz reich waren, ergibt sich auch aus der Tatsache, daß sie im Byzantinischen Reich um 1150 von den Christen verfolgt wurden. Da gerade die Karäer den möglichen ideologischen Gegensatz zu den Wirtsvölkern zu überbrücken suchten und da bei einer Verfolgung aus Religionsgründen nicht eine Verfolgung der Karäer, sondern der Juden hätte stattfinden müssen, muß angenommen werden, daß die Verfolgung ein typischer Versuch der herrschenden Schicht war, die wirtschaftlich am höchsten stehende Fremdenschicht anzugreifen und zu berauben.

Von den Karäern in Spanien wissen wir, daß sie sehr betriebsam und geschäftstüchtig waren. Ein rabbinischer Günstling von Alfons VI. nahm die Hilfe der Staatsmacht in Anspruch, um die Karäer zu unterdrücken. Die rabbinischen Juden schlossen die Karäer von den industriellen Unternehmungen und vom Handel aus. Dieser Ausschluß setzt voraus, daß ursprünglich wohl die Karäer jene wirtschaftlichen Positionen innehatten, die ihnen nun die rabbinischen Juden entrissen. Die Karäer verarmten in der Folgezeit und verschwanden fast gänzlich aus Spanien. (Vgl. G.B. Depping, 1834, S. 92-98.)

Wir haben aufzuzeigen versucht, in wie starkem Maße ein wirtschaftliches Moment bei der Entstehung des Karäismus gewirkt hat. Freilich kann in der Folgezeit der Karäismus nicht als einheitliche Sekte aufgefaßt werden. Zwar geht der Karäismus von einer kleinen Oberschicht aus und verfolgt zunächst nur eine politisch-rechtliche Trennung vom übrigen Judentum. Sehr bald aber finden wir innerhalb des Karäismus auch mystisch-asketische Strömungen, die ganz anders geartet sind.

In Palästina hatte die karäische Gruppe der „Awele Zion", der „um Zion Trauernden", ihr Zentrum. Hier konnte die karäische Ideologie unabhängig von den Entstehungsursachen und von der führenden Schicht ein Eigenleben entwickeln und andere Schichten erfassen. Auch diese Möglichkeit lag in der damaligen Zeit begründet: Neben neuen wirtschaftlichen Tendenzen traten unter den Juden auch neue geistige Tendenzen auf. Beide Tendenzen waren schon in kleinen Sekten noch vor dem Aufkommen des Karäismus vertreten (vgl. H. Graetz, 1871, S. 162ff.). So hatten sich schon früher in Syrien und dem Irak kriegerische Juden, die viel mit Arabern verkehrten und sich bei diesem Verkehr durch die talmudischen Vorschriften beengt fühlten, vom Talmud losgesagt. Andererseits hatte die Bewegung und Sekte, die sich um Serene (der sich um 720 n. Chr. als Messias ausgab) in Syrien bildete, einen antiarabischen und messianischen Charakter. Serenes Gegnerschaft gegen den Talmud trägt denselben Charakter wie später beim falschen Messias Sabbatai Zwi; sie ist nur aus einer bestimmten messianischen Erlösungsbestimmung zu verstehen.

Es mündeten in den Karäismus noch ganz andere Tendenzen ein und vermischten sich mit ihm. Dies zu untersuchen, ist hier nicht die Aufgabe. Uns kam es nur darauf an, die wirtschaftlichen Grundlagen aufzuzeigen, aus denen heraus sich zunächst das offizielle Karäertum entwickelt. Dabei zeigten wir, wie ausgehend von der wirtschaftlichen Sphäre zunächst ein Einbruch in die rechtliche, dann in die religiös-nationale Sphäre des Judentums erfolgte. [...]

3. Die gesellschaftlich-religiöse Struktur des Karäismus

Nachdem wir den Karäismus seiner Entstehung nach als das Ergebnis der Einwirkung neuer wirtschaftlicher Tendenzen auf den jüdischen Geschichtskörper zu verstehen versucht haben, kommen wir nun zu einer Analyse seiner gesellschaftlich-religiösen Struktur. Es geht uns um die Frage, was denn nun eigentlich das Wesen und das Besondere dieser großen jüdischen Sekte war und worin der Unterschied zum rabbinischen Judentum zu sehen ist. Was die Karäer selbst darüber gesagt haben, aber auch das, was im Anschluß daran die Historiker ermittelten, nämlich daß die Karäer den Talmud und die mündliche Lehre ablehnten und die Bibel als alleinige Autorität anerkannten, kann uns für eine soziologische Betrachtungsweise nicht genügen.

Uns geht es darum zu untersuchen, was sich hinter der offiziellen ideologischen Formel verbarg. Dies um so mehr, als die Karäer, angefangen bei Anan, gar nicht daran gedacht haben, mit dieser Formel ernst zu machen. Anan, der den Grundsatz aufstellte: „Suchet fleißig in der Schrift", stellte selbst 13 Deutungsregeln auf, die die Ableitung, oder besser: die Verankerung vieler nur der mündlichen Lehre angehörenden Gesetze in der Tora ermöglichte. Diese Deutungsregeln unterscheiden sich kaum von jenen des Rabbinismus und sind die Grundlage des Gesetzes der Karäer (das keineswegs nur das Gesetz der Bibel ist). Das Gesetzesbuch des Anan enthält im wesentlichen die Bestimmungen der mündlichen Traditionen, wie sie sich in Mischna und Talmud niedergeschlagen haben. Diese Anlehnung an die Mischna ist so stark, daß sie ihm später von Karäern selbst vorgeworfen wurde (vgl. A. Neubauer, 1866, S. 6). Auch die Gesetzesbücher der nachfolgenden karäischen Lehrer hat die weit über die Bibel hinausgehende Tradition zur Grundlage, die nur mehr oder weniger von der des rabbinischen Judentums abweicht. Die Karäer haben schließlich den Grundsatz, auch ihrerseits eine mündliche Lehre anzuerkennen, ganz ausdrücklich formuliert, wenn sie neben dem Schriftwort und der logischen Schlußfolgerung die Übereinstimmung der Gemeinschaft als ein Prinzip betrachten, demzufolge die Auswahl des für sie geltenden Gesetzes vorzunehmen sei.

In Wirklichkeit war die proklamierte Rückkehr der Karäer zur Bibel nur eine Verdeckungsideologie für ein Tieferes, das dem Karäismus zugrunde liegt und ganz seiner wirtschaftlichen Tendenz entspricht: Der Karäismus verfolgte in Wirklichkeit die Aufhebung der für die Nation als solche objektiv geltenden und verpflichtenden Bestimmungen des Gesetzes zugunsten der Individualisierung des Gesetzes, das heißt zugunsten der Möglichkeit, das Gesetz je nach Anschauung und Bedürfnis auszulegen und auszuüben.

Wir haben bereits darauf verwiesen, daß es einen inneren Zusammenhang zwischen der Leugnung der Einheit der Nation (die, wie wir jetzt wissen, durch wirtschaftliche und politische Umstände hervorgerufen wurde) und der Ideologie gibt, daß man zur Bibel zurückkehren müsse, weil diese sakrosankt und unveränderlich sei. Wer die Nation nicht mehr als lebendige Trägerin der Offenbarung ansieht, die allein legitimiert ist, das biblische Gesetz zu verändern, der muß zur Theorie der Unveränderlichkeit der Bibel kommen. In der Praxis folgte daraus allerdings eine andere Konsequenz. Da das Gesetz der Bibel aus verschiedenen Gründen (mangelnde Deutlichkeit in den Bestimmungen selber, allzugroße Schwierigkeiten bei der Durchführung unter anders gearteten sozial-ökonomischen Verhältnissen) in wesentlichen Teilen praktisch nicht mehr durchführbar war, mußte man zu der Ideologie kommen, daß jeder das Gesetz so auslegen solle, wie es ihm passe. So ist also der Zusammenhang zwischen der Ideologie der „Rückkehr zur Schrift" und der Individualisierung des Gesetzes kein zufälliger; vielmehr ergeben sich beide mit Notwendigkeit aus der den Karäismus konstituierenden Tatsache der Preisgabe der Einheit der Nation.

Die Ideologie des Karäismus war keineswegs neu. Schon die Sadduzäer hatten sie als Kampflosung gegen die die mündliche Lehre vertretenden Pharisäer benutzt (in Wirklichkeit ging es auch damals um politische Gegensätze); dann wurde sie von Sekten aufgegriffen, von denen eine sogar so weit ging, daß sie das ganze Gesetz, auch das biblische, für abgeschafft erklärte.

Die Ideologie der Rückkehr zur Bibel eignete sich besonders gut, die eigentliche Tendenz des Karäismus – die Individualisierung des Gesetzes – zu ermöglichen und gleichzeitig zu verdecken. Das Gesetz der Bibel geht ja zumeist kaum über Andeutungen hinaus; will sie praktische Anwendung finden, bedarf sie durchaus besonderer Erklärungen und Ausführungsbestimmungen. So bleibt für jede individuelle Auslegung der biblischen Andeutungen Platz. Die Ideologie von der Rückkehr zur Bibel eröffnet so in Wirklichkeit den Weg zur Individualisierung des Gesetzes und zur Aufhebung seiner kollektiven Geltung [wie sie durch die mündliche Überlieferung in Mischna und Talmud und durch die Rabbinen weitgehend festgeschrieben war]. Diesen Vorgang belegt sehr eindrücklich die große Zahl von Kodifikationen des Gesetzes innerhalb des Karäismus, während es im rabbinischen Judentum entsprechend der kollektiven Geltung des Gesetzes nur ganz wenige Kodifikationen gab: neben Mischna und Talmud die Halachot gedolot, dann die Kodifikationen des Maimonides Ende des 12. Jahrhunderts und noch einige wenige andere. Bei den Karäern dagegen hat jeder einzelne Lehrer und Führer während der kurzen Blütezeit sein eigenes „Gesetzesbuch" („Sefer ha-Mizwot") geschrieben, in dem er das von ihm als verbindlich und gültig angesehene Gesetz niederlegte. Nicht nur, daß der Gründer Anan sein Gesetzesbuch geschrieben hat, auch alle seine Nachfolger schrieben Bücher, für die immer der Verfasser Gültigkeit beanspruchte und die mehr oder weniger voneinander abwichen. So sind in der kurzen Zeit, in der die Karäer überhaupt eine geistige Schöpfertätigkeit entfaltet haben, gegen 15 solcher Gesetzesbücher entstanden.

Vergegenwärtigen wir uns noch einmal, was im rabbinischen Judentum an Meinungsstreit zwischen den Gelehrten seinen literarischen Niederschlag gefunden hat. Auch dort waren Kontroversen über die Halacha, das Gesetz, an der Tagesordnung, und Mischna und Talmud sind voll davon. Aber Halacha bedeutet nicht nur Stoff des Gesetzes, sondern ist gleichzeitig auch die Bezeichnung für die einheitliche und gültige Entscheidung innerhalb dieses gesetzlichen Stoffes. Durch Abstimmung wurde das geltende Gesetz festgelegt und autoritativ durchgesetzt. So verschieden in der Diskussion die Meinungen auch waren, so sehr wurde auf strenge Einheitlichkeit in der endgültigen Entscheidung geachtet.

Der scheinbar rein literarische Unterschied zwischen rabbinischem und karäischem Judentum enthüllt eine tiefe soziologische Differenz. Im rabbinischen Judentum sind die gesetzlichen Kontroversen in einem Buch [dem Talmud] vereinigt und durch eine einheitliche Entscheidung geeint. Diese Tatsache drückt im rabbinischen Judentum die objektive nationale Gültigkeit des Gesetzes aus. Demgegenüber ist für den Karäismus eine Individualisierung typisch, die sich in der Tatsache voneinander abweichender Gesetzesbücher ausdrückt. „Die unbeschränkte

Freiheit der Schriftforschung, die Anan zur Bedingung gemacht hatte, hat jedem einzelnen die Beurteilung dessen, was verbindlich oder nicht verbindlich ist, in die Hand gelegt, den beschränkten Geist des Individuums zum Richter über die Religion eingesetzt und dadurch den Wirrwarr und die Sektiererei erzeugt." (H. Graetz, 1871, S. 216.)

Für Graetz zeigt sich dieser für den Karäismus typische Zug bereits bei Anan. Der spätere Karäismus ist nur noch aus den Prinzipien der Individualisierung des Gesetzes zu verstehen, die allerdings Anan noch nicht so explizit vertrat wie seine Nachfolger. Benjamin ben Mose aus Nahawend (Mitte des 9. Jahrhunderts) sagt: „Ich, Benjamin, bin nur einer von den Tausenden und Myriaden (der Schriftforscher), und nicht habe ich entscheidend gesprochen; ich bin weder Prophet noch eines Propheten Sohn, und jeder Jünger der Schrift (Karäer) wandelt diese Bahn und schreibt nur das nieder, was er durch eigene Einsicht als wahr erkennt. Alle unsere Jünger der Schrift ermahnen eindringlich zur Prüfung; der Bruder mag abweichen von seinem Bruder, der Sohn von seinem Vater, der Jünger von seinem Meister, und Bruder, Vater, Meister haben keine Berechtigung zu sagen, warum trennst du dich von meinen Worten! Durch diese (Freiheit) entgeht man der Verschuldung vor Gott, wenn man zuweilen unrichtig Erkanntes und Irrtümliches gelehrt, und man hat vielmehr Gottes Lohn für das redliche Streben zu gewärtigen, weil man überhaupt den Leuten die Augen erleuchten gewollt." (Zit. nach J. Fürst, 1862, S. 56.)

Sahl ben Mazliach [um 950 n. Chr.], der bedeutendste karäische Nachfolger von Nahawendi [Benjamin ben Mose], sagt (zit. nach J. Fürst, 1862, S. 57): „Wisset nun aber, daß die Söhne der Schrift [= Karäer] nicht sagen: ‚Wir sind eure Führer.' Sie haben ihre Einrichtungen nicht darum gemacht, um das Volk nach ihrem Eigenwillen zu gängeln, vielmehr wollen sie nichts weiter sein als Forscher und Ergründer des Gesetzes, Deuter der Bücher der Propheten, mit prüfender Benutzung der Arbeiten glaubensgenössischer Vorgänger. Darum sprechen sie immer zu ihren Brüder: ‚Lernet, forschet, dringet ein und ergründet vorerst und übt sodann dasjenige, was euch durch eigenes Erkennen und durch Beweise feststeht.“ In seinem „Mahnungsschreiben“ betont Sahl ben Mazliach: „In der Religion gilt es nicht dem Grundsatz der Mehrheit zu folgen, denn Religion ist nur das Erkennen, man soll keiner Autorität folgen, und die Gelehrten sollen nur die Ungelehrten zu eigenem Erkennen leiten.“

Bezeichnend für die individualistische Einstellung der Karäer ist ihre Stellung zum Pflichtgebet des rabbinischen Judentums, in dessen Mittelpunkt das Achtzehngebet steht. Wir haben bereits oben das Achtzehngebet dahingehend charakterisiert, daß es ein typisches Gemeindegebet ist mit einem allgemeinen, also inhaltlich nicht festgeschriebenen Gebetstext, das von der individuellen religiösen Kraft des einzelnen bewegt sein will. Die Karäer haben dieses für das rabbinische Judentum so typische Gebet geändert: Sie setzten an die Stelle des nationalen kollektivistischen Gebetstextes die religiöse Dichtung, die in der rabbinischen Liturgie durchaus peripher blieb, aber einen viel stärkeren individuellen religiösen Charakter trägt. Sie treiben den Individualismus gar so weit, daß sie Gedichte von karäischen Lehrern und Dichtern in den Mittelpunkt ihres Gebetbuches aufnehmen (vgl. hierzu J. Fürst, 1865, S. 111). Es stimmt zwar, daß auch das rabbinische Judentum Psalmen und neuere Gedichte religiösen Inhalts in seine Liturgie aufgenommen hat. Im Zentrum aber blieb das alte ursprüngliche Achtzehngebet als treuester Ausdruck der Idee des Gemeindegebets (vgl. F. Heiler, 1920, S. 421ff.), während im Karäismus Psalmen und Gedichte den Mittelpunkt bildeten und auf diese Weise die individualisierende Tendenz zum Ausdruck bringen.

Stellt man einmal die Äußerungen der karäischen Gelehrten solchen rabbinischer Gelehrter gegenüber, wird die ganze Bedeutung des individualisierenden Gesetzes im Karäismus sichtbar. So sagt schon die Mischna (vgl. Traktat Sanhedrin 2,3): „Die Auflehnung gegen die Worte der Schriftgelehrten ist eine schwerere Sünde als die gegen die Worte der Tora", und der Rabbiner Simon Kahira aus Babylonien [um 890 n. Chr.] sagt: „Die Aussprüche der überliefernden Schriftgelehrten sind gewichtiger als die Worte der Schrift; denn von den Aussprüchen der Soferim heißt es: ‚Du sollst folgen der Lehre, so sie dich lehren, und selbst wenn sie dir sagen, daß rechts links ist und links rechts, so hast du ihnen zu gehorchen.'" (Zit. nach J. Fürst, 1865, S. 11.) Auch Jehuda Halevi [1080-1141] findet es typisch, daß die Karäer alle Fragen durch selbständige Untersuchungen lösen wollen, und entdeckt darin ihre Verwandtschaft zur mohammedanischen Schulrichtung der Ahlarai walkiya.

Mit der Individualisierung des Gesetzes ging eine zunehmende Zersplitterung der Sekte einher. Die Einheit des rabbinischen Judentums war bisher trotz des Verlustes von Stadt und Tempel sowie des Endes königlicher und priesterlicher Autorität durch die objektiv verpflichtetende Verbindlichkeit des Gesetzes und die Autorität der Rabbinen gewährleistet, die allein durch ihr Wissen zur dauernden Fixierung und Interpretation des Gesetzes berechtigt und verpflichtet waren. Bei den Karäern fehlten die Priester und die Rabbinen, da ja die Führer ausdrücklich darauf verzichteten, das Gesetz in einer für alle verbindlichen Form festzusetzen.

Trotz des theoretischen Grundsatzes völliger Freiheit in der Gesetzesauslegung machte sich bei den Karäern – schon aus Gründen der Selbsterhaltung – dennoch eine Tendenz bemerkbar, eine gewisse Einheitlichkeit zu wahren, indem sie den theoretischen Grundsatz in der Praxis nicht ganz ernst nahmen. Indem jeder sein eigenes Gesetzesbuch schrieb, mußte er, wenn auch nicht für die gesamte Sekte, so doch für den Kreis, für den er schrieb und der zum eigenen Studium gar nicht fähig war, auf eine gewisse Einheitlichkeit bedacht sein. Auch die drei Prinzipien der Schriftauslegung: logische Schlußfolgerung, Wortlaut der Schrift und Übereinstimmung der Gemeinschaft, galten für die ganze Sekte der Karäer und stellten den Versuch dar, eine Einheitlichkeit zu gewährleisten. Allerdings verstärkt das dritte Prinzip gerade wieder die individualistische Tendenz, denn es gibt keinen Maßstab dafür, was als die Gemeinschaft kräftigend anzusehen ist. Die Zersplitterung der karäischen Sekte, die mit der wirtschaftlichen Tätigkeit der Karäer in Wechselwirkung stand, wird sehr anschaulich in der Überlieferung, daß den Karäern in Jerusalem immer der 10. Mann für die Verrichtung des Gemeindegebets fehlte.

Abschließend bleibt noch nach der gesellschaftlichen Differenz zwischen Karäern und Rabbaniten zu fragen, und zwar nicht im Hinblick auf ihre jeweiligen Grundsätze, sondern hinsichtlich ihrer Wirkung.

Die Rabbaniten belegten bereits Anan mit dem Bann, so daß dieser seinen Anhängern verbot, sich mit den Rabbaniten zu verschwägern, mit ihnen zu essen oder zu beten (vgl. J. Fürst, 1862, S. 59). Die drei Verbote waren zugleich eine Konsequenz des veränderten Gesetzesverständnisses. Die Karäer formulierten Ehegesetze, die viel weitergehend als beim rabbinischen Judentum Verwandtenehen als biblisch verboten ansahen. In einigen Punkten änderten sie auch das Speisegesetz (von anderen geschächtetes Fleisch durfte nicht mehr gegessen werden) und die Gebetsordnung, so daß ein gemeinsames Gebet verunmöglicht wurde. Auch berechneten sie den Festkalender nicht nach rabbinischer, sondern nach mohammedanischer Art, so daß sie die biblisch nicht vorgeschriebenen Feste wie das Chanukkafest (das Erinnerungsfest an den Sieg der Makkabäer über die Syrer und die damit verbundene Tempelweihe) nicht gemeinsam feierten. Hinsichtlich anderer Unterschiede zum rabbinischen Judentum waren die Karäer unter sich selbst nicht einig. (Vgl. J. M. Jost, Band II, 1858, S. 301-307.)

Aus dem Gesagten wird zweierlei ersichtlich: 1. Was die Karäer zur Sekte stempelte, war – neben ihrem Willen zur Trennung von der Gemeinschaft – die Veränderung und Ablehnung des gesellschaftlichen Prinzips, auf dem das rabbinische Judentum beruht, nämlich die allgemein verbindliche Geltung des Gesetzes. 2. Trotz ihrer Absplitterung vom Judentum wurden die Karäer von ihrer Umwelt weiterhin als Juden angesehen, die sie ihrer Rasse und dem Wesen ihrer Religion nach ja auch waren. Von hier aus beantwortet sich auch die Frage nach ihrem Bestand. Die einmal vollzogene soziale Trennung ließ eine Wiedervereinigung mit den Juden nicht zu, aber ihre große Ähnlichkeit (für einen Fremden waren sie kaum verschieden) ließ ebensowenig ein Aufgehen in den anderen Völkern zu, solange die Juden als Pariavolk unter ihnen lebten und die Völker auch den Karäern diesen Stempel aufdrückten.

Der Unterschied zwischen Karäern und Rabbaniten vergrößerte sich zunächst noch bis zum 11. Jahrhundert. Dabei fiel der Beginn einer neuen geistigen Blüte des rabbinischen Judentums sowohl mit dem Ende der geistigen Leistung der Karäer wie mit dem Verdrängtwerden der Karäer aus den innegehabten wirtschaftlichen Positionen zusammen. Mit dem Niedergang der Sekte verminderten sich dann die Gegensätze. Karäische Familien stellten für ihre Kinder rabbinische Hauslehrer an; man löste gegenseitig Gefangene aus, und auch in Litauen und Polen, wo karäische wie rabbinische Gemeinden in großer Not lebten, wohnten beide Gruppen in ebenso großem Frieden zusammen.

Eine Verschärfung des Gegensatzes zwischen Rabbaniten und Karäern ergab sich erst wieder im 19. Jahrhundert in Rußland. (Vgl. zum Folgenden L. Krasnosselsky, 1912, S. 59ff.) Die Vorgänge dort ähneln prinzipiell der Geschichte der Entstehung des Karäismus. Als Katharina II. die Judengesetzgebung schuf, erklärten die Karäer, sie seien nur dem Ursprung nach Juden, hätten ansonsten aber mit dem Judentum nichts gemeinsam und führten die Nichtanerkennung des Talmuds als Beweis hierfür an. Offenbar konnten sie so argumentieren, weil der Talmud in jener Zeit als Grund allen Übels im Judentum angesehen wurde. Ähnlich verhaßt war der Talmud ja auch zur Zeit der Entstehung des Karäismus, wie ein Edikt aus Byzanz (vgl. S. Krauß,

1914, S. 61f.) belegt, das den Juden das Studium des Talmud verbot und nur die mündliche Lehre erlaubte.

Aufgrund ihrer Erklärung, sie seien keine Juden, erhielten die Karäer in Rußland 1863 die Bürgerrechte. Diese rechtliche Veränderung war natürlich von erheblichem Einfluß auf ihre ökonomische Lage. Die Karäer kamen in Südrußland und auf der Krim zu großem Reichtum. Zumeist waren sie Tabakhändler, die, sobald sich ihre ökonomische Lage gebessert hatte, darangingen, Schulen zu gründen und in einer eigenen Druckerei die Werke ihrer Lehrer und Führer herauszubringen.

Es fand sich auch ein karäischer Lehrer, Abraham Firkowitsch [1785-1874], der die karäische Lehre wiederbelebte. Er hatte fanatische Tendenzen, verlegte die Ursprünge des Karäismus in frühe Zeiten, setzte den Rabbinismus herab und ließ sich zu schwerwiegenden Fälschungen hinreißen, die erst allmählich entwirrt werden konnten und ein großes Hindernis bei der Erforschung des Karäismus bildeten. Die geistigen Angriffe, mehr aber noch das von den Juden als Verrat empfundene Verhalten der Karäer mußte die Spannung und Feindschaft zum rabbinischen Judentum gegen Ende des 19. Jahrhunderts verstärken.

4. Zusammenfassung: Zur Soziologie des Karäismus

Das soziologisch prinzipiell Neue beim Karäismus ist seine ausgesprochene Tendenz zur „freien Forschung". Diese Tendenz machte sich im Bereich des Gesetzes geltend. Im rabbinischen Judentum war auf dem Gebiet des Gesetzes zwar nicht die „freie Forschung", aber doch die freie Entscheidung (und so verstand, wie wir sahen, der Karäismus die Forschung) ausgeschlossen. Im Gegensatz zur streng autoritativen Gebundenheit des gesetzlichen Lebens im rabbinischen Judentum, gab der

Karäismus diese Sphäre der individuellen Anschauung preis. Jener Sphäre aber, in der im rabbinischen Judentum freie Forschung herrschte und die – innerhalb der Grenzen des dem Volke eigenen sittlich-religiösen Fühlens – völlig dem individuellen Glauben überlassen war, jener Sphäre nimmt der Karäismus seine Eigentümlichkeit und raubt das Recht und die Möglichkeit freier Forschung. Schon Anan verfaßte neben seinem Gesetzesbuch eine uns verlorengegangene, arabisch geschriebene Dogmatik. Diese Tendenz findet ihren stärksten Ausdruck in der Schaffung einer dem Judentum fremden Verbindlichkeit in Form von Glaubensartikeln, die den ganzen Glaubensinhalt des Judentums verbindlich festlegen sollen. Bis zu den Karäern hatte es niemals im Judentum Glaubensartikel gegeben. Und erst als Reaktion auf die karäischen verfaßten auch Rabbinen solche Glaubensartikel. Ihre Wirkung und Bedeutung haben wir oben bereits dargestellt.

Die karäischen Dogmatiken waren keineswegs schöpferisch, sie enthielten keinerlei neue Ideen und waren durchaus nicht Ausdruck einer neuen und eigenartigen Religiosität. Gingen die Karäer hinsichtlich des Gesetzes ihren eigenen Weg, so schlossen sie sich auf dem Gebiet des Glaubens an den Rabbinismus und an die mohammedanische Theologie an. Ein Vergleich der ersten tradierten Glaubensartikel von Jehuda Hadassi (einem geistigen Repräsentanten des Karäismus) mit den nur wenig später entstandenen Glaubensartikel des Moses Maimonides zeigt die Unselbständigkeit der karäischen Dogmatik besonders deutlich. Maimonides formuliert aufgrund der Traditionen des Judentums 13 Glaubensartikel, Hadassi entsprechend der im Islam üblichen Zahl nur 10.

Maimonides' Glaubensartikel	Hadassis Glaubensartikel
1 Gott ist alleiniger Schöpfer und Leiter der Welt	
2 Einzigkeit Gottes	1 Einzigkeit Gottes
3 Unkörperlichkeit Gottes	2 Unkörperlichkeit Gottes
4 Gott ist erstes und letztes Wesen	3 Creatio ex nihilo
5 Gott allein ist verehrungswürdig	4 Gott allein ist verehrungswürdig
6 Wahrheit der Propheten	5 Wahrheit der Propheten
7 Moses ist Vater der Propheten	6 Moses ist Vater der Propheten
8 Tora wurde Moses gegeben	
9 Unveränderlichkeit der Tora	7 Unveränderlichkeit der Tora
10 Allwissenheit Gottes	8 Allwissenheit Gottes
11 Lohn und Strafe für Befolgung bzw. Nichtbefolgung des Gesetzes	
12 Kommen des Messias	9 Kommen des Messias
13 Auferstehung der Toten	10 Auferstehung der Toten

So sehr Hadassi ein erbitterter Gegner des rabbinischen Judentums in Fragen des Gesetzes war, so wenig unterscheidet sich seine Dogmatik von der des Maimonides. Prinzipiell aber gilt es zu berücksichtigen, daß es „die“ jüdische Dogmatik nie gab, so daß auch ein Vergleich eigentlich unmöglich ist. Zudem gab es in den elementarsten Fragen des Glaubens unter den rabbinischen Glaubenslehrern erbitterte Streitigkeiten, so etwa zwischen Moses Maimonides und Abraham ben David bezüglich der Frage der Körperlichkeit Gottes.

Bevor die Frage nach der soziologischen Ursache der karäischen Dogmatik beantwortet wird, sei daran erinnert, daß die rabbinische Dogmatik keine gesellschaftliche Kategorie darstellt und deshalb auch nicht soziologisch bewertet werden kann. Sie stellt deshalb keine gesellschaftliche Kategorie dar, weil sie – wie wir zeigten – immer eine rein individuelle Meinung ihrer Verfasser blieb und nie gesellschaftlich verbindlich wurde. Sie diente der Abwehr fremder Religionen. Die gesamte jüdische Philosophie jener Zeit trägt diesen teils polemischen, teils apologetischen Charakter. Der Zweck aller Philosophie ist das Handeln (das Gesetz). Deshalb bedurfte das Judentum seiner ganzen soziologischen Struktur nach keiner Dogmatik. Das gesamte Fühlen und Denken des Volkes war durch die Halacha mit dem Körper des Volkes verbunden und ging unmittelbar in das Gesetz ein. Ein kollektives Glaubens- und Wissenssystem war deshalb, soziologisch gesehen, völlig überflüssig.

Für den Karäismus liegen die Dinge ganz anders. Er hat die Rolle des Gesetzes als eines objektiv gültigen Normensystems, das das Volk einheitlich umfaßte, aufgehoben und das Gesetz individualisiert. So bedurfte es konsequenterweise der Schaffung einer allgemein verbindlichen Dogmatik, die durch die Tatsache ihrer für die Gesamtheit verbindlichen Formulierung des religiösen Fühlens und Denkens die Einheit der Sekte garantieren sollte.

J. M. Jost (1858, Band II, S. 338) spricht die Stellung des Karäers zu den Glaubensartikeln und zum Gesetz deutlich aus: „Wer diese zehn Artikel anerkennt, gilt, wenn er auch sonst irrt und fehlt, als Israelit; wer sie aber allesamt oder deren einen verwirft, verdient nicht den Namen eines Bruders, wenn er auch das ganze Gesetz übt." Der Karäismus hat an die Stelle des Kollektivismus der Form des Gesetzes und des Individualismus des Glaubens und der Weltanschauung, die das Prinzip des Rabbinismus darstellen, ein neues Prinzip gesetzt: den Individualismus des Gesetzes und den Kollektivismus des Glaubens.

III. Das Reformjudentum

1. Die Emanzipation der Juden

a) Die Lage der Juden vor der Emanzipation

Bis gegen Ende des 18. Jahrhunderts bildete die jüdische Masse aller Länder, auch Deutschlands, eine charakteristische Einheit, geprägt von derselben prinzipiellen gesellschaftlichen Struktur, von der auch die ganze Diaspora durchdrungen war. Die jüdische Masse stellte eine eigentümliche Vereinigung religiöser und gesellschaftlicher Bindungen dar, eine vom Staat losgelöste religiös-nationale Gesellschaft. In einen fremden Zivilisationsprozeß eingebettet, lebte der jüdische Geschichtskörper sein eigenes Leben. Die Kultur und der von ihr geformte Gesellschaftskörper blieben autonom. Das Leben nach dem Gesetz ist für den einzelnen wie auch für die Gesamtheit eine problemlose Selbstverständlichkeit. Aus dieser autonomen Lebensgestaltung heraus ergab sich die vom Staate anerkannte Gemeindeautonomie.

Geistig lebte die jüdische Masse in ihrer eigenen Welt und hatte nur ganz geringen Anschluß an die europäische Kultur. Zur Zeit der palästinensischen Ernte im rauhen Herbst des Nordens trugen die Juden den südlichen Palmenstrauß und wohnten in luftigen Laubhütten; zur Zeit des palästinensischen Regens, im Winter des Nordens, beteten sie um reichliche Regenspendung. Und wenn sie starben, war es ihre Sehnsucht, wenigstens ein Säckchen palästinensischer Erde unters Haupt gelegt zu bekommen.

Jede gesellschaftliche Vereinigung mit der nichtjüdischen Bevölkerung war durch das Gesetz erschwert. Der Jude konnte mit den christlichen Mitbewohnern weder essen noch trinken, sein Ruhetag war ein anderer Wochentag, seine ganze Haltung zur Welt war durch das Gesetz bedingt. Die Juden waren schwach und ängstlich geworden aufgrund der vielen blutigen Schläge, die ihnen während ihres ganzen Gastseins im Abendland von ihren Wirten ausgeteilt worden waren. Sie sehnten sich danach, aus dem Zustand, ein verachtetes Pariavolk zu sein, herauszukommen an das Licht europäischer Bildung und an die Wärme europäischer Brüderlichkeit. (Vgl. M. Weber, 1921, Band III, S. 281-400.)

Da der Volkskörper immer mehr gesunder natürlicher Grundlagen entbehrte, mußte die Religion, das heißt, jenes Gemisch aus religiös-individuellen Inhalten und national-verbindlichem Gesetz, immer mehr dazu dienen, den Volkskörper zu erhalten. Die Religion verlor ihre Autonomie und Freiheit und erstarrte, je mehr das Leben des jüdischen Volkes als nationale Ganzheit in Gefahr geriet. Ein teilweise schon erstarrtes eigenes religiös-gesellschaftliches Leben, völliges Abgeschlossensein von der Kultur der Umwelt und ängstliches Hoffen auf Befreiung von den Fesseln: dies war die geistige Situation der Juden Mitte des 18. Jahrhunderts.

Zwei Auswege aus dieser Situation wurden gefunden. In Polen, wo an eine Befreiung von außen nicht zu denken war, kam es in der Bewegung des Chassidismus zu einer Erneuerung aus der Tiefe und Eigenart des jüdischen Geschichtskörpers selber. Die gedrückte Masse befreite sich selbst, indem sie mit der starken Kraft mystisch-religiöser Sehnsucht von Neuem den Gesellschaftskörper durchtränkte und formte. In Deutschland hingegen entstand in Gestalt der Aufklärung dem alten Judentum ein Gegner. „Die Bestrebungen dieser Bewegung gehen in ihren gemäßigten Elementen darauf aus, der jüdischen Kultur eine neue Gestalt zu geben, in ihren extremen Elementen hingegen diese Kultur zu zerstören.“ (S. Dubnow, 1920, Bd. I, S. 10.)

Wie in religiös-nationaler Hinsicht, so bildeten die Juden vor der Emanzipation auch in politischer und staatsbürgerlicher Hinsicht eine eigenartige Gruppe von Ausländern, die nirgends einen eigenen Staat besaßen und deshalb auch nicht durch völkerrechtliche Traktate geschützt waren. Man wies den Juden eine dunkle Ecke als Wohnstätte zu, erzwang von ihnen ungeheure Gebühren als Schutzgeld und erfand – je nach Bedürfnis – immer neue Besteuerungen. Allen Versuchen, die Enge des ihnen zugewiesenen Gebietes oder die Beschränkung der ihnen erlaubten Berufe zu durchbrechen, wurden unüberwindliche Schwierigkeiten in den Weg gelegt. Selbst die natürliche Vermehrung wurde von den Behörden mancherorts über die Zahl der erlaubten Eheschließungen offiziell verboten.

Die wirtschaftliche Situation war der rechtlichen und politischen entsprechend. Die herrschenden Klassen drängten die Juden in einen ganz bestimmten und engen Kreis von Berufen und Gewerben. Aus dem gesamten Spektrum der Berufe war ihnen im wesentlichen nur der Kleinhandel und der Wucher erlaubt. Bezeichnend für ihre wirtschaftliche Beschränktheit ist das preußisches Edikt vom 29. September 1730 (hier zit. nach I. Freund, 1912, Band II, S. 16 und 18): „Mit Material-Waaren, Gewürz und Speisereyen...sollen die Juden gar nicht handeln, auch weder Bier brauen noch Branntwein zum feilen Kauff brennen... Kein Jude (soll) ein Bürgerlich Handwerk treiben, außer das Petschierstechen, welches ihnen erlaubet wird."

Eine deutliche Illustration der wirtschaftlichen Lage der Juden gibt Christian Wilhelm Dohm [1751-1820], ein preußischer Publizist und Beamter, in seinem Buch „Über die bürgerliche Verbesserung der Juden" von 1781 (hier zit. nach S. Dubnow, 1920, Band I, S. 11f.): „Und bey diesen so mannigfaltigen Abgaben ist der Erwerb des Juden auf das äußerste beschränkt. Von der Ehre, dem Staat sowohl im Frieden als im Kriege zu dienen, ist er allenthalben ganz ausgeschlossen; die erste der Beschäftigungen, der Ackerbau, ist ihm allenthalben untersagt, und fast nirgends kann er liegende Gründe in seinem Namen eigenthümlich besitzen. Jede Zunft würde sich entehrt glauben, wenn sie einen Beschnittenen zu ihrem Genossen aufnähme, und daher ist der Hebräer fast in allen Ländern von den Handwerken und mechanischen Künsten ganz ausgeschlossen. Nur seltene Genies (die, wenn vom Ganzen der Nation die Rede ist, nicht gerechnet werden können) bleibt bey so vielen niederdrückenden Umständen noch Muth und Heiterkeit, sich zu den schönen Künsten oder den Wissenschaften zu erheben, von denen, zugleich als Weg des Erwerbs betrachtet, nur allein Meßkunst, Naturkunde und Arzneygelahrtheit dem Hebräer übrigbleiben. Und auch diese seltenen Menschen, die in den Wissenschaften und Künsten eine hohe Stufe erreichen, sowie die, welche durch die untadelhafteste Rechtschaffenheit der Menschheit Ehre machen, können nur die Achtung weniger Edler erwerben; bey dem großen Haufen machen auch die ausgezeichnetsten Verdienste des Geistes und Herzens den Fehler nie verzeihlich – ein Jude zu seyn. Diesem Unglücklichen also, der kein Vaterland hat, dessen Tätigkeit allenthalben beschränkt ist, der nirgends seine Talente frey äußern kann, an dessen Tugend nicht geglaubt wird, für den es fast keine Ehre gibt – ihm bleibt kein anderer Weg, des vergünstigten Daseyns zu genießen, sich zu nähren, als der Handel. Aber auch dieser ist durch viele Einschränkungen und Abgaben erschwert, und nur wenige dieser Nation haben so viel Vermögen, daß sie einen Handel im Großen unternehmen können. Sie sind also meistens auf einen sehr kleinen Detailhandel eingeschränkt, bey dem nur die öftere Wiederholung kleinerer Gewinne hinreichen kann, ein dürftiges Leben zu erhalten; oder sie werden gezwungen, ihr Geld, das sie selbst nicht benutzen können, an andere zu verleihen.“

Von staatsbürgerlich-rechtlicher wie von wirtschaftlicher Bedeutung war das den Juden mangelnde Recht der Freizügigkeit. Wollte ein Jude von einer Stadt in die andere innerhalb der Grenzen desselben Landes, mußte er bei seiner Ankunft am Bestimmungsort dieselbe Steuer entrichten, die für die Einfuhr von Vieh festgesetzt war. Nur die privilegierten sogenannten

Schutz- oder Geleitjuden konnten sich unter Beobachtung erniedrigender Formalitäten bei Reisen auf dem Gebiet des sie beherbergenden Staates befreien. Als der bereits berühmt gewordene Moses Mendelssohn im Jahre 1776 in Dresden einzog, wurde er an der Grenze angehalten und gezwungen, den Leibzoll nach der für einen – wie er sich selbst später ausdrückte – „polnischen Stier" festgesetzten Taxe zu zahlen.

Wie sehr die mangelnde Freizügigkeit auch zu wirtschaftlichen Unterdrückungsmaßnahmen Anlaß gab, zeigt folgender Fall: „Die Preußische Regierung erfuhr jedoch zu ihrem nicht geringen Schreck, daß (in Breslau) eine große Anzahl Juden unter allerlei Vorwand seit einiger Zeit daselbst sich eingeschlichen haben, die zum Schaden der christlichen Kaufleute verschiedene ihnen nicht zustehenden Gewerbe getrieben...Aus diesem Grunde setzt der König eine genaue Norm für die jüdische Bevölkerung (von Breslau) fest, und zwar auf 160 Familien." (S. Dubnow, 1920, Band I, S. 185.)

Die Verhältnisse in anderen deutschen Staaten waren nicht viel besser als in Preußen. Nach der sächsischen „Judenordnung" war es den Juden verboten, Häuser zu erwerben und Gewerbe und Handel zu treiben. Nur der Handel mit alten Kleidern und das Wechselgeschäft war ihnen gestattet. In Bayern und den anderen freien Ländern und Städten waren die Verhältnisse noch schlimmer, und selbst der „liberale" Herzog von Mecklenburg, Friedrich Franz I., verordnete gleich nach seiner Thronbesteigung, daß den Juden keine „Schutzbriefe", also Aufenthaltsbewilligungen, über die einmal festgesetzten Normen hinaus ausgestellt werden dürfen, bis ein Teil der früheren Schutzjuden aussterben und dadurch ihren Glaubensgenossen die Möglichkeit eines Unterhalts eröffnet würde. Wollte man Maßnahmen zu ihrer wirtschaftlichen Unterdrückung verdekken, wurde das Argument häufig verwandt, doch nur für die wirtschaftliche Sicherstellung der Juden sorgen zu wollen.

b) Die Emanzipation der Juden im 18. und 19. Jahrhundert

Die geschilderte rechtliche, wirtschaftliche und gesellschaftliche Lage der Juden im Frühkapitalismus änderte sich völlig in der um die Mitte des 18. Jahrhunderts ausbrechenden hochkapitalistischen Epoche. Erst diese führte die entscheidende Strukturveränderung der gesamten Bevölkerung herbei; erst sie trat dem jüdischen Geschichtskörper in breiter Front entgegen. Was W. Sombart (1903) für die deutsche Wirtschaft im allgemeinen schreibt, gilt auch für die Juden. In den Händen deutscher Kapitalbesitzer sammelten sich große Vermögen an, die ihre rasche Entstehung teils den Kriegslieferungen, teils der Bewerkstellung von Finanzoperationen, teils der Handelstätigkeit (die infolge der Kriegswirren und namentlich durch die durch die Kontinentalsperre geschaffene Monopolstellung der deutschen Seeplätze äußerst lukrativ geworden war), teils den Gewinnen aus der Landwirtschaft, die für den Export arbeitete, verdankten. (Vgl. hierzu auch H. Graetz, 1870, Band 11.)

Das Streben von Friedrich II. nach Geld führte dazu, daß viel Kapital angehäuft wurde. So finden sich in den bürgerlichen Kreisen Berlins auch eine Anzahl jüdischer Millionäre. Friedrich II. förderte die jüdischen Großkapitalisten vor allem im Bereich der Fabrik-, Bank- und Pachtunternehmungen. (Vgl. S. Dubnow, 1920, Band I, S. 21.) Der König brauchte sie zur Regelung seiner Finanzen, so daß diese kleine Schicht im Siebenjährigen Krieg große Summen verdiente. Eine reiche kapitalistische Schicht bildete sich also nur dort heraus, wo man ihr aufgrund eines wirtschaftlichen Bedürfnisses dies möglich machte. „Den Juden wurde eine gewisse Handelsfreiheit gewährt, aber nur den Reichen und nur an solchen Orten, wo keine genügende Anzahl christlicher Kaufleute vorhanden war.“ (S. Dubnow, 1920, Band I, S. 183.)

Die kleine Schicht jüdischer Finanziers und Großkaufleute füllte tatsächlich eine Lücke im deutschen Wirtschaftsleben aus. So war es auch diese Schicht, die die Fesseln, an die das wirtschaftliche Leben aller Juden gekettet war, sprengte, die sich wirtschaftlich emanzipierte und damit den Anfang der wirtschaftlichen Emanzipation für die jüdische Gesamtheit machte. Freilich setzte diese allgemeine Emanzipation erst später ein und kam dann in der zweiten großen kapitalistischen Blütezeit in der Mitte des 19. Jahrhunderts zur Vollendung.

Eine kleine Schicht jüdischer Kapitalisten gab es also erst gegen Ende des 18. Jahrhunderts. Eine deutliches Bild der wirtschaftlichen Lage dieser reichen Schicht gibt uns das „Gutachten des Geheimen Finanzrats Jaeschke betr. die Ansetzung der zweiten Kinder“ vom 22./23. April 1804 (hier zit. nach I. Freund, 1912, S. 165): „Die Juden in den Königlichen, besonders den alten Ländern vermehren sich mit jedem Jahre auffälliger; sie treiben dabei ihre Geschäfte mit solchem Gewinn, daß sich viele im Besitz der größten Reichtümer befinden und vermöge derselben und der ihnen ganz eigenen Art, Geld zu benutzen, bei jedem Unternehmen, den Christen, das heißt, den eigentlichen Staatsbürgern, fast immer den Rang abgewinnen.“ [...] Auch in anderen Großstädten bildete sich eine reiche bürgerlich-kapitalistische Schicht. In Hamburg erwartete man sich von ihr eine Förderung des Handels, und auch von Königsberg war bekannt, daß es dort schon einige reiche Juden gab.

Die wirtschaftliche Emanzipation einer kleinen jüdischen Schicht hatte zunächst nur kulturelle und gesellschaftliche Konsequenzen. Während es den unbemittelten, wirtschaftlich nicht emanzipierten Massen völlig an Bildungsmitteln und -möglichkeiten fehlte, stellten die Mitglieder der reichen Schichten Hauslehrer an (Moses Mendelssohn war Hauslehrer in einem solchen großkapitalistischen Haus) und erschlossen sich und vor allem ihrer Familie die Tore zur heiß ersehnten Bildung der Zeit. „Während die Familienhäupter ganz in ihren umfassenden geschäftlichen Unternehmungen aufgingen, eröffneten ihre Frauen und Kinder in reich eingerichteten Wohnungen ‚Salons‘ nach dem Muster der besten aristokratischen und höfischen Salons von Berlin und suchten sogar diese durch

Eleganz und Üppigkeit in den Schatten zu stellen." (S. Dubnow, 1920, Band I, S. 21f.) Hier in diesen Salons vollzog sich die gesellschaftliche Emanzipation jener reichen jüdischen Schicht, die zur gesellschaftlichen Emanzipation immer größerer jüdischer Schichten führte entsprechend der wirtschaftlichen Emanzipation und Gleichstellung.

Das gesellschaftliche Eindringen der reichen jüdischen Kapitalistenschicht in die christliche Gesellschaft war keine unmittelbare Folge ihrer wirtschaftlichen Situation, sondern nur eine mittelbare, insofern ihr Eindringen durch ihre Bildung ermöglicht wurde, die den Reichtum voraussetzte. So beruht auch die Bedeutung Moses Mendelssohns, den man gewöhnlich als den geistigen Vater der jüdischen Emanzipation und Assimilation ansieht, vielleicht mehr darauf, daß er durch seine populäre Philosophie und seine Freundschaft mit Lessing die Juden – oder besser: ihre oberste Schicht – im Wortsinne „salon-fähig" gemacht hat, als auf seinen geistigen Leistungen auf dem Gebiet der deutschen Philosophie (die ihn zudem fast ganz vergessen hat) oder des Judentums. (Wie unfruchtbar er auf dem Gebiet der „alten" oder „modernen" jüdischen Wissenschaft war und wie wenig er wirklich eine neue Ideologie – die „Reform" – geschaffen hat, wird später gezeigt werden.)

Die geschichtliche Bedeutung von Moses Mendelssohn beruht durchaus auf seiner gesellschaftlichen, nicht auf seiner kulturell-religiösen Wirksamkeit. Seine bedeutendste geistige Schöpfung im Jüdischen, die deutsche Übersetzung der Bibel, die seinen Glaubensgenossen die deutsche Sprache lehrte, war im Bereich des Religiösen kaum von Bedeutung, doch hatte sie die gesellschaftliche Wirkung, den Juden im Laufe der Zeit die Tore zur Gesellschaft zu öffnen. So wirkungslos Moses Mendelssohn auf rein geistigem Gebiet blieb, so stark war seine Wirkung auf gesellschaftlichem. Die meisten Kinder dieses dem Judentum streng ergebenen Mannes traten zum Christentum über. Gleiches taten die beiden Frauen, die der Mittelpunkt der beiden bekanntesten Salons waren: Henriette Herz (1764-

1847), die Freundin Schleiermachers, und Rahel Lewin (1771-1833). [Vgl. zum Folgenden S. Dubnow, 1920, S. 198-203.] Im Salon der Henriette Herz trafen sich die Vertreter des Lessing-Mendelssohn'schen Humanismus (Nikolai, Dohm, Ramler, Teller und andere [vgl. H. Graetz, 1870, Band 11, S. 157]) und der neumodischen Romantik. Schleiermacher, Friedrich von Schlegel, Chamisso und auch die Brüder Humboldt verkehrten zeitweise in dem Kreis.

Die letzte Konsequenz der gesellschaftlichen Gleichstellung der Juden, der Übertritt zum Christentum, wurde nicht nur von einzelnen vollzogen, es begann eine regelrechte Massentaufe. Diese wuchs derart an, daß „die Preußische Regierung... endlich auf die übermäßige Bereicherung der Kirche durch zweifelhafte Neophyten aufmerksam" wurde und „beschloß, eine Kontrolle einzuführen" (S. Dubnow, 1920, Band I, S. 204). 1819 wurde den Pastoren durch einen königlichen Erlaß untersagt, Juden ohne eine schriftliche Bestätigung der Ortspolizeibehörde über die Ernsthaftigkeit ihrer Absichten zu taufen.

War das wirtschaftliche, geistige und gesellschaftliche Eindringen einer reichen jüdischen Oberschicht in die christliche Gesellschaft bereits eine vollzogene Tatsache, folgte die rechtliche und politische Emanzipation erst in ziemlichem Abstand als Konsequenz dieses Eindringens, aber vor allem auch als Konsequenz der Französischen Revolution, die die Idee der rechtlichen und politischen Emanzipation in die Welt trug. Die staatsbürgerlich-rechtliche Emanzipation der Juden, die mit dem königlichen Edikt von 1812 Tatsache wurde, kam nur nach großen Schwierigkeiten und aufgrund vieler Bemühungen von nicht-jüdischer Seite (Dohm und andere) und von Seiten der jüdischen Kapitalistenschicht zustande. Erst Hardenberg konnte sie durchführen. In jenen deutschen Staaten aber, in denen sie durch das napoleonische Regiment eingeführt worden war, wurde sie nach dem Wiener Kongreß 1815 wieder abgeschafft (vgl. H. Graetz, 1870, Band 11, S. 334f.). In Preußen wurde die Emanzipation allmählich wieder abgebaut und trat erst 1848 wieder formell ganz in Kraft.

Der Prozeß der Einordnung der deutschen Juden in das wirtschaftliche, geistige, gesellschaftliche und politisch-rechtliche Leben des deutschen Volkes begann in der Mitte des 18. Jahrhunderts mit der wirtschaftlichen Einordnung einer kleinen Schicht, er schritt dann aber erst im 19. Jahrhundert stetig fort und dehnte sich nach zwei Richtungen hin aus: Einerseits umfaßte die Emanzipation immer neue Sphären des Kultur- und Gesellschaftslebens bzw. erweiterte bereits gewonnene; andererseits wurden immer weitere Schichten der Juden in diese Sphären integriert. Entsprechend der einheitlichen Entwicklung des Kapitalismus trug auch die ganze Epoche der Emanzipation einen prinzipiell einheitlichen Charakter und ist deshalb auch einer einheitlichen soziologischen Erfassung zugänglich.

2. Die Entwicklung der Reformbewegung

a) Das jüdische Gesetz und der bürgerlich-kapitalistische Geschichtskörper

Wir haben in Kürze die unerläßlichen Voraussetzungen dargestellt, um zu verstehen, worauf es uns in dieser Untersuchung ankommt: Wir wollen das Schicksal des jüdischen bei seinem Zusammenstoß mit dem bürgerlich-kapitalistischen europäischen Geschichtskörpers untersuchen. Da das [jüdische] Gesetz der stärkste Ausdruck der Formung des jüdischen Gesellschaftskörpers durch die „Seele“ des jüdischen Geschichtskörpers ist, werden bei diesem Zusammenstoß vor allem seine Auswirkungen und der Sieg des fremden Geschichtskörpers festzustellen sein. Wir werden zeigen, wie durch den Geist der kapitalistischen bürgerlichen Kultur die gesellschaftliche Struktur des Judentums verändert wird und wie gleichzeitig die Fiktion aufrechterhalten wird, daß in Wirklichkeit gar keine wesentlichen Veränderungen stattgefunden hätten.

Daß die „Seelen" der beiden Geschichtskörper sich unversöhnlich gegenüberstanden, braucht an dieser Stelle nicht weiter ausgeführt zu werden. Wir haben bereits zu zeigen versucht, wie unversöhnlich sich der „Geist" des Judentums als der Geist kontemplativer religiöser Auffassung und Beherrschung der Welt und der Geist des Kapitalismus, wie ihn Max Weber als Geist der Hast, der Arbeits- und Berufsheiligkeit und als Geist wissenschaftlich-rationaler „Entzauberung" dargestellt hat, gegenüberstehen.

Es braucht auch nur angedeutet zu werden, daß das Gesetz mit all seinen Forderungen im Widerspruch zur „neuen Wirtschaft" stand. Der Ruhetag der Gesamtbevölkerung war der Sonntag, der gesetzliche Ruhetag der Juden der Sabbat. Für den jüdischen Finanzmann war es ein wirtschaftliches Hemmnis schwerster Art, eilige Geschäfte, die am Samstag abgewickelt werden mußten, liegen zu lassen. Auch für jeden Kaufmann bedeutete es eine starke wirtschaftliche Einbuße, wenn er zwei Tage in der Woche feierte – eine Einbuße, die desto fühlbarer wurde, je mehr die Konkurrenz und der Konkurrenzkampf anwuchsen. Auch das jüdische Speisegesetz wurde mehr und mehr zum wirtschaftlichen Hindernis, weil es nur den Genuß von rituell geschlachteten Tieren gestattete und weil diese Schlachtung nur an Orten möglich war, wo eine größere Anzahl Juden wohnten, die einen eigenen Schächter bezahlen konnten. Ein Kaufmann, der sich aus geschäftlichen Gründen in von Juden nur spärlich bewohnten Gebieten aufhalten mußte, konnte dort nichts zu essen erhalten und mußte unter gewissen Entbehrungen leben. Der jüdisch-kapitalistische Kaufmann hatte auch keine Zeit mehr, drei Mal am Tag sich zum Gebet zu sammeln; ein mehrstündiger Gottesdienst am Sabbat widerstrebte bereits seinem neuen Zeitgefühl. Bei der Erziehung der Kinder wurde der Gegensatz besonders scharf und deutlich. Die Wirtschaft und Wirtschaftsgesinnung erlaubte nur, eine begrenzte Zeit der geistigen Ausbildung zu widmen. Man mußte also wählen zwischen der Kenntnis der deutschen oder der jüdischen Kultur, zwischen der Erlernung fremder Sprachen, die den Weg zu wirtschaftlichen Erfolgen bahnten, und dem Erlernen des Hebräischen, das allein das Tor zum Verständnis der jüdischen Kultur öffnete.

Es braucht kaum mehr betont werden, daß Gesetz und Geist des Judentums auch der gesellschaftlichen Einigung im Wege standen. Das Speisegebot machte es unmöglich, an einem Tisch mit dem Nichtjuden zu essen – stellte also ein großes Hindernis für jede gesellschaftliche Einigung dar. Aber auch in anderen Punkten widersprach der Geist der traditionellen jüdischen Gesellschaft dem der deutschen. Vor allem war der Geist der Beziehungen zwischen den Geschlechtern völlig dem entgegengesetzt, der in den „Salons" und in weiten Kreisen der Gesellschaft überhaupt herrschte.

Endlich bestand noch ein Gegensatz zwischen der politisch-staatsrechtlichen Situation der Juden und dem jüdischen Gesetz. Daß die Innehaltung des Sabbats und der Speisegesetze einem jüdischen Staatsbeamten unmöglich war, spielte zwar auch eine Rolle; bedeutsam war vor allem die Stellung des Staates zum Gesetz selbst und die Abhängigkeit der Haltung des Staates von dieser Frage bei der rechtlich-politischen Emanzipation. Die ursprüngliche Stellung des Staates zu den Juden war die dem Christentum im ganzen Mittelalter eigene. Die Juden in ihrer nationalen Absonderung, in ihrer „Pariastellung", nahmen im christlichen Weltbild den für sie vorgesehenen Platz ein, und die Regierung wünschte nicht, daß sie diese ihnen zugedachte Rolle wechselten.

Jede antitraditionelle Bewegung wurde von Seiten der Regierung unterdrückt, so daß die Regierung eine Stütze der national-religiösen Absonderung bildete. So lesen wir im General-Reglement vom 17. April 1750 (zit. nach I. Freund, 1912, Band II, S. 52): „Wir wollen auch fernerhin, daß die sämmtlichen in

Berlin und anderen Unseren Städten wohnenden Schutz-Juden in Religions-Sachen es mit der gantzen Jüdischen Gemeine halten, und keiner davon ausgeschlossen, noch auch die geringste Trennung darin verstattet, sondern die sämmtlichen Glieder der Jüdischen Gemeine in sothanen Religions- und Kirchen-Sachen den Ältesten und dem Rabbi unterworffen bleiben..."

Das Edikt vom 20. Mai 1714 befand bereits: „Und weiln die bißherige Erfahrung bezeiget, was für Inconventien, Unruhe und Schaden die Trennung der Judenschafft verursachet, so soll hinführo keine Separation bey selbiger weiter verstattet werden, sondern ein jeder schuldig und gehalten seyn, es mit der gantzen Gemeine zu halten..." (zit. nach I. Freund, 1912, Band II, S. 11; vgl. auch das General-Reglement vom 29. September 1730, a.a.O., S. 20). Noch kurz nach dem Sturz Napoleons wurden die Betstuben von Friedländer und Jakobsohn in Berlin, in denen bereits reformierte Gottesdienste stattfanden, von der Regierung geschlossen.

Allmählich kam es aber zu einer entgegengesetzten Tendenz: Die Regierung machte die rechtliche Emanzipation davon abhängig, ob die Juden das im Gesetz begründete national-gesellschaftliche Sonderleben aufgaben. Diese neue Tendenz läßt sich in dem „Bescheid des Staatsministeriums an die Ältesten der Judenschaft" vom 2. April 1798 bereits deutlich erkennen:

„Solange daher dieselbe (jüdische Nation) fortfährt, sich nicht blos durch speculative Religions-Meynung, sondern durch praktische Grundsätze, Sitten, Gebräuche und Verfassungen von den übrigen Staatseinwohnern abzusondern, und einen gewissen National-Haß gegen letztere zu nähren, so lange sie vermöge ihrer inneren Constitution und Hierarchie gleichsam einen besonderen Staat im Staate bildet, ... so lange kann eine Aufhebung dieser Gesetze um so weniger stattfinden, als ... das ferne Bestehen dieser Gesetze noch ein Bewegungsgrund mehr ist, auf eine solche obbeschriebene solide Reform hinzuarbeiten..." (Zit. nach I. Freund, 1912, Band II, S. 126 f.)

Ein völliger Umschwung der preußischen Regierung in ihrer Stellung zum nationalen Sonderleben der Juden kam aber erst mit Friedrich Wilhelm IV. Er verzichtete völlig auf die Unterstützung der Orthodoxie, und unter ihm gewann die Reformbewegung zu Beginn der vierziger Jahre an Boden. Die preußische Regierung folgte endlich einem Beispiel, das bereits Napoleon der Welt gegeben hatte und das in Baden praktiziert wurde. Auf Napoleons Geheiß war am 9. Februar 1807 ein aus 46 Geistlichen und 25 Laien zusammengesetztes Synhedrion zusammengekommen, das dem Wunsche Napoleons folgte und den nicht-nationalen und rein religiösen Charakter des Judentums bestätigte.

Zu Beginn der Emanzipation war dies die Lage der deutschen und westlichen Juden überhaupt: Bildeten sie bisher eine nationale, gesellschaftliche, religiöse und kulturelle Einheit und waren sie ein Volk, so forderten jetzt die Regierungen und vor allem die Verhältnisse jenes Volkes, in das sie als Gleichberechtigte aufgenommen werden sollten, die Aufgabe ihrer nationalen Eigenart. Die Emanzipation der einzelnen sollte mit dem Untergang der Nation erkauft werden.

Moses Mendelssohn stand am Beginn dieser neuen Epoche. Er war ein Mann des Übergangs, der diesen Konflikt mit aller Deutlichkeit und in seiner ganzen Schärfe sah. In seinem Buch *Jerusalem* (M. Mendelssohn, 1919, S. 119f.) schreibt er, an der Zeit der Entstehung des Christentums und an Jesus anknüpfend:

„Offenbarer Gegensatz, Kollision der Pflichten! Der Staat stand unter fremder Botmäßigkeit, empfing seine Befehle gleichsam von fremden Göttern, und die einheimische Religion mit einem Teile ihres Einflusses auf das bürgerliche Leben hatte sich noch erhalten. Hier ist Forderung gegen Forderung, Anspruch gegen Anspruch. ‚Wem sollen wir geben? Wem gehorchen?' – So ertragt denn beide Lasten, fiel der Bescheid aus, so gut ihr könnt, dient zwei Herren in Geduld und Ergebenheit:

Gebt dem Kaiser und gebt auch Gott! Jedem das Seine, nachdem die Einheit des Interesses nun zerstört ist!

Und noch jetzt kann dem Hause Jacobs kein weiserer Rat erteilt werden, als eben dieser. Schickt euch in die Sitten und in die Verfassung des Landes, in welches ihr versetzt seid; aber haltet auch standhaft bei der Religion eurer Väter. Tragt beider Lasten so gut ihr könnt!... Haltet nichtsdestoweniger aus, steht unerschüttert auf dem Standorte, den euch die Vorsehung angewiesen, und laßt alles über euch ergehen, wie euch euer Gesetzgeber lange vorher verkündet hat. In der Tat sehe ich nicht, wie diejenigen, die in dem Hause Jacobs geboren sind, sich auf irgendeine gewissenhafte Weise vom Gesetze entledigen können."

Wenig später verdeutlicht Mendelssohn in seiner Schrift *Jerusalem* (a.a.O., S. 121f.): „Aber persönliche Gebote, Pflichten, die dem Sohne Israels, ohne Rücksicht auf Tempeldienst und Landeigentum in Palästina auferlegt worden sind, müssen, soviel wir einsehen können, strenge nach den Worten des Gesetzes beobachtet werden, bis es dem Allerhöchsten gefallen wird, unser Gewissen zu beruhigen und die Abstellung derselben laut und öffentlich bekannt zu machen... Wenn die bürgerliche Vereinigung unter keiner anderen Bedingung zu erhalten (ist), als wenn wir von dem Gesetze abweichen, das wir für uns noch für verbindlich halten, so tut es uns herzlich leid, was wir zu erklären für nötig erachten: so müssen wir lieber auf bürgerliche Vereinigung Verzicht tun... Es steht nicht bei uns, hierin nachzugeben; aber es steht bei uns, wenn wir rechtschaffen sind, euch dennoch brüderlich zu lieben, und brüderlich zu flehen, unsere Lasten, soviel ihr könnt, erträglich zu machen. Betrachtet uns, wo nicht als Brüder und Mitbürger, doch wenigstens als Mitmenschen und Miteinwohner des Landes. Zeigt uns Wege und gebt uns Mittel an die Hand, wie wir bessere Menschen und bessere Miteinwohner werden können, und laßt uns, soviel es Zeit und Umstände erlauben, die Rechte der Menschheit mit genießen. Von dem Gesetze können wir mit gutem Gewissen nicht weichen, und was nützen uns Mitbürger ohne Gewissen?"

Mendelssohn sieht den Konflikt, doch ist er zu aufrichtig, um gegen seine Überzeugung den Satz von der Unverbindlichkeit des Gesetzes aufzustellen. Die Begeisterung für das Gesetz hat aber bei ihm einer tiefen Resignation Platz gemacht. Und so wird verständlich, daß die Kinder und Schüler dieses in seinem Leben ganz gesetzestreuen Mannes, dessen Resignation sie aber tief empfanden, dem Judentum den Rücken kehrten. Aus diesem Konflikt zwischen Einordnung in das wirtschaftliche, gesellschaftliche und geistige Leben Deutschlands auf der einen Seite und dem Jude-Sein auf der anderen Seite gab es für jene Schichten, die von diesem Konflikt unmittelbar betroffen wurden, nur zwei Auswege: entweder die Taufe oder die Schaffung einer Ideologie, die das Verbleiben im Judentum und die Eingliederung in das deutsche Gesellschafts- und Kulturleben ermöglichte.

Viele gingen zwar den Weg des völligen Abfalls, um sich so den Eintritt in die europäische Kultur zu erkaufen, die Mehrheit jedoch blieb zu sehr an das Judentum gebunden – sei es aus Gründen der Pietät, der Scham vor der Fahnenflucht, sei es aus Gründen wirklicher Liebe oder der Aufrichtigkeit gegenüber der christlichen Welt -, als daß sie es ganz verlassen wollten. Dennoch wollten sie es ganz ihren Bedürfnissen anpassen und den Konflikt durch eine neue Ideologie verdecken oder gar beseitigen. Die neue Ideologie, auf die noch weiter unten eingegangen werden wird, ist Ausdruck des Zusammenstoßes zwischen dem jüdischen und dem bürgerlich-kapitalistischen Geschichtskörper. Sie ging unmittelbar aus dem wirtschaftlichen Anpassungsbedürfnis hervor.

b) Die Laien als Träger der Reform

In der Mitte des 18. Jahrhunderts, zu Beginn des Hochkapitalismus, bestand das Bedürfnis nach einer neuen Ideologie nur bei einer kleinen Schicht. In der zweiten Blütezeit des Hochkapitalismus, 100 Jahre später, als weitere Schichten der deutschen Juden eingeordnet waren und diese „neuen" Juden in manchen Gemeinden schon die Mehrheit bildeten, bestand die Möglichkeit zur Anstellung von Berufsideologen der Reformrabbiner. Von da an geht die Ausbildung der neuen Ideologie aus den Händen einzelner reicher Leute in die Hände der Theologen über. Die Einordnung in das deutsche Wirtschafts- und Gesellschaftsleben ging erst ganz allmählich vor sich, so daß die zunächst daran unbeteiligten Schichten Zeit hatten, ihre Scharen zu sammeln, ideologisch zu festigen und den Konflikt auf mancherlei Weise zu mildern, indem sie sabbatfreie Stellen vermittelten, in Berufen blieben oder neue ergriffen, die es auch ermöglichten, am Sabbat nicht zu arbeiten, und indem sie neben anderem vielerorts rituelle Speisehäuser errichteten.

Mit den Reformideologen trat zugleich auch ein neuer Typus orthodoxer Rabbiner auf, deren bedeutendster Repräsentant Samson R. Hirsch [1808-1888] war. Diese versuchten, den Konflikt zwischen den beiden Geschichtskörpern in anderer Weise zu verdecken (und setzten hierin ideologisch die Arbeit Mendelssohns fort): Sie beharrten auf der Unantastbarkeit des Gesetzes, wollten es aber vereinen mit dem Geist der neuen Kultur. Ihre Losung lautet: Torastudium *und* weltliche Bildung. Bei ihnen verlor das Gesetz ganz und gar seine „Seele", wurde zu einem starren System von Gebräuchen, das von Menschen eingehalten wird, die in Wirklichkeit schon völlig in den fremden Geschichtskörper eingeordnet sind.

Der Gründer der Neoorthodoxie, Samson R. Hirsch, war durchaus auch ein Reformer. Er führte die deutsche Predigt, den Synagogenchor und eine Amtstracht für Rabbiner ein. Daß es zur Neoorthodoxie kommen konnte, hatte folgende Gründe: Mit der Emanzipation nahm man den Juden das ihnen über das ganze Mittelalter hinweg zustehende und von ihnen ausgeübte Recht auf eine eigene Rechtsprechung. Mit ihr war der dauernde Einfluß auf die Gestaltung neuer praktischer Lebensverhältnisse gewährleistet gewesen. Die Orthodoxie ließ sich die Zivilgerichtsbarkeit nicht ungern rauben und ermöglichte sich so ihr Doppelleben: Auf der einen Seite lebte sie unter Normen, die man ihrer „Seele" beraubt hatte, auf der anderen Seite lebte sie in einem Gesellschaftskörper, der mit dem ersten in einem Widerspruch stand. Diesen Widerspruch verdeckte man eben dadurch, daß man auf die Formung der neuen Wirtschaft bewußt und gern verzichtete. Zwar kann man die Neoorthodoxie nicht zur eigentlichen „Reform" zählen, doch gehört sie in dieselbe Linie eines den Kapitalisten verfallenen Teils des jüdischen Volkes.

Um zu dem ursprünglichen Träger der Reform, der kapitalistischen Oberschicht von jüdischen Laien, zurückzukommen: Bereits zu Beginn der Emanzipationsepoche sind es einzelne reichgewordene Juden, die sich gegen die Autorität des orthodoxen Rabbiners wenden und die die Regierung um Erleichterungen bitten. Die 34 Königsberger Hausväter formulieren in ihrer Eingabe vom 17. Januar 1793 (zit. nach I. Freund, 1912, Band II, S. 92 und 94): „Von einer...Seite drücken uns die Fesseln der solidarischen Verbindung. Die Last der Abgaben, ...die mehr oder minder große Abhängigkeit, in welcher wir von unseren Ältesten und Vorstehern erhalten werden, muß uns je länger je unerträglicher werden... (Unsere Kinder werden) die Religion ihrer Väter verlassen... Und nicht der ärmere, der uncultivirte, der in Unwissenheit erzogene Theil der Nation wird diesen gewaltsamen Schritt zur Verbesserung seines bürgerlichen Zustandes ergreifen, sondern der reichere, bessere, edlere Theil derselben." Sie fordern Aufhebung der solidarischen Verbindung wenigstens für sich.

Ähnliches läßt sich bei den Juden in Frankreich beobachten (vgl. zum Folgenden S. Dubnow, 1920, Band I, S. 94ff.). Die

Juden von Bordeaux hatten infolge ihrer wirtschaftlich gehobenen Lage die Rechte der in Südfrankreich Naturalisierten zugesprochen bekommen und so das „passive Bürgertum" erhalten. In einer Protestbittschrift an die Nationalversammlung vom 31. Dezember 1789 protestierten diese „gegen das Verhalten der ‚Juden von Elsaß-Lothringen und der drei Bistümer', die unter ihrer selbsteigenen, partikulären (Gemeinde-)Verwaltung leben, ihre besonderen Gesetze haben und eine von allen anderen abgesonderte Bürgerklasse bilden wollen" (a.a.O., S. 94f.). Sie erreichen ihr Ziel und erhalten schon 1790 durch Parlamentsbeschluß die Rechte der aktiven Bürger, also noch vor der Emanzipation der übrigen französischen Juden.

Die Versammlung der Notabeln, die Napoleon für 1806 einberief (vgl. S. Dubnow, a.a.O., S. 131f.), sollte zum Teil über rein jüdische theologische Fragen entscheiden wie über die Frage der gesetzlichen Zulässigkeit der Mischehe, des Zinsnehmens, gewisser Berufe usw. Sie bestand zum Teil aus Rabbinen und aus Laien, Angehörigen der obersten bürgerlich-kapitalistischen Schicht. Vorsitzender war der Laie Abraham Furtado, ein sephardischer Jude aus Bordeaux, von dem man sagte, daß er die Bibel ausschließlich aus den Werken Voltaires kenne. Der geistige Führer der elsäßischen Juden war ebenfalls ein Laie, der aschkenasische Jude Beer-Isaak Berr aus Nancy. Der Einfluß der Laien auf dieser höchst wichtigen Versammlung zeigte sich bereits bei der Eröffnung, die am Samstag stattfand und bei der man mit großer Mehrheit gegen die Rabbinen beschloß, das Schreibverbot aus politischen Gründen zu übertreten.

Auch in dem 1807 von Napoleon in Paris einberufenen großen Synhedrion, das die Beschlüsse der Versammlungen der Notabeln sanktionieren sollte, war das Laienelement stark vertreten. Als Abbild dieser napoleonischen Institution richtete König Jérôme Bonaparte per Dekret vom 31. März 1808 in Westfalen ein jüdisches Konsistorium ein, das das gesamte religiöse Leben der westfälischen Juden regulieren sollte. Auch dieses Konsistorium bestand aus drei Rabbinen, zwei Laien und dem Vorsitzenden, dem reichen Finanzrat des früheren Braunschweiger Herzogs Karl Ferdinand, Israel Jacobson. Dieser hatte auch indirekt die anderen Mitglieder des Konsistoriums – selbst die rabbinischen – bestimmt.

Bei der Berliner Reform war das Laienelement ebenso bahnbrechend und bestimmend, ja bis zur Mitte des 19. Jahrhunderts war es überhaupt der alleinige Träger der Reform. Nach dem Sturz Jérôme Bonapartes ging Israel Jacobson nach Berlin, wo ihm sein Reichtum und seine Bildung viele Bewunderer schafften (vgl. M. Philippsohn, 1907, S. 153). Sofort nach seiner Ankunft richtete er einen eigenen Tempelgottesdienst mit deutschen Gebeten und Chorgesängen ein, hielt selber Erbauungsreden und nahm die Konfirmation seines eigenen Sohnes vor. Zwei Jahre später ließ er sogar eine Orgel einbauen. Nach dem Tode Hardenbergs wurde dieser reformierte Betsaal von der Regierung geschlossen. Selbst ein so liberaler Autor wie Martin Philippsohn muß zugestehen (a.a.O., S. 159): „Allein diese anscheinend recht verheißungsvolle Neuerung krankte von vornherein an tiefen Schäden. Das Ganze war ein von Laien und hauptsächlich von Geschäftsleuten begonnenes Unternehmen; das theologische, bibel- und überlieferungskundige Element fehlte..."

Eine Laiengründung war auch der 1818 in Hamburg eingeweihte Tempel, in dem auch deutsche Gebete, Chor und Orgel eingeführt wurden, wenn auch die Gottesdienste nicht so radikal reformiert waren wie der Jacobsonsche in Berlin. Sowohl die drei Hamburger Rabbinatsvertreter wie auch eine große Zahl orthodoxer Rabbiner verdammten mit Nachdruck die Hamburger Reform. Verfechter des neuen Tempels und Gegner der Rabbinen waren 1818 Lazar Riesser und 1841 sein Sohn, der Rechtsanwalt Gabriel Riesser [1806-1863]. An den Tempel schloß sich eine größere Zahl „wohlhabender jüdischer Familien" (M. Philippsohn, 1907, S. 163) an und dokumentierte auf diese Weise dessen Klassencharakter. In Leipzig wurde zur Messezeit 1820 ein Kaufmannsgottesdienst eingerichtet, der ganz im Stile der Reform war und für dessen Eröffnungsfeier Giacomo Meyerbeer die Gesänge komponiert hatte.

Eine Vereinigung, die ebenfalls von Laien gegründet wurde und teils gesellschaftlich-wirtschaftliche Zwecke, teils kulturelle verfolgte, war der 1819 von dem Juristen Eduard Gans, dem Buchhalter Moses Moser und dem theologisch gebildeten Leopold Zunz gegründete „Verein für die Kultur und Wissenschaft der Juden". „Der Verein sollte Schulen, Seminarien, Akademien für die Juden gründen, schriftstellerische und gelehrte Arbeiten jeglicher Art begünstigen, Gewerbe, Künste, Ackerbau befördern, ja die Juden zu feinem gesellschaftlichem Ton erziehen." (M. Philippsohn, 1907, S. 166.) Der Verein fand wenig Widerhall, und obgleich es ihm gelungen war, in Hamburg, Frankfurt am Main, Breslau und anderen Orten Ortsgruppen zu gründen, löste er sich 1824 schon wieder auf. Sein Begründer und Führer, Eduard Gans, trat 1825 zum Christentum über.

In diesem Zusammenhang ist auch der „Verein der Reformfreunde" zu erwähnen, der 1842 von dem „in vielen Zweigen der Schriftstellerei dilettandierenden" (M. Philippsohn, 1907) Theodor Creizenach [1818-1877] gegründet wurde, einem Manne, der 1854 zum Christentum übertrat. Dem Mosaismus wurde im Reformverein unbegrenzte Entwicklung zugestanden, der Talmud gänzlich verleugnet, ja die Beschneidung wurde sogar abgeschafft. Auch dieser Verein hatte keine lange Dauer und er verdient an dieser Stelle nur deshalb Erwähnung, weil auch er keine Gründung von Männern jüdischer Gelehrsamkeit war.

1845 entstand in Berlin „Die Genossenschaft für Reform im Judentum", gegründet von zwei jüdisch gebildeten Laien, denen sich sofort eine Anzahl Hausväter der wohlhabenderen Kreise anschlossen. Man erließ einen „Aufruf an die deutschen Glaubensbrüder" mit dem Ziel einer Synode, „die das Judentum in derjenigen Form erneuere und fortsetze, in welcher es in uns und unseren Kindern fortzuleben fähig und würdig ist" (M.

Philippsohn, 1907, S. 205). Da die Mitgliederzahl der Genossenschaft schon in kurzer Zeit auf 300 gestiegen war, wartete man aber das Zustandekommen einer solchen Synode nicht ab, sondern richtete zu den Hauptfeiertagen einen eigenen Gottesdienst ein mit einem neuen, ganz radikalen Ritual. Schon bald gab es in dieser Reformgemeinde statt eines Samstagsgottesdienstes einen solchen am Sonntag. Den meisten Rabbinen war der Radikalismus dieser Laienreform zu groß. Erst nach langem Suchen war der Rabbiner Samuel Holdheim bereit, die Führung dieser Gemeinde zu übernehmen.

Die Rabbinerversammlung, die vom 15. bis 28. Juli 1845 in Frankfurt tagte und zu der auch die Berliner Reformgemeinde eine Deputation schickte, verhielt sich freundlich, ohne prinzipiell ihre Zustimmung zu den Vorgängen zu geben (vgl. Protokolle, 1845, Band II, S. 163ff.). Die Reformgemeinde freilich fühlte sich so stark und unabhängig von den Rabbinern, daß sie ihre Reform auch ohne Zustimmung der Rabbinerversammlung durchführte.

c) Die Rabbiner und die Reform

Nicht nur von Berlin aus versuchte das Laienelement die Rabbiner in ihrer Reform zu bestimmen. Überall fanden sich die gebildeteren und (was dasselbe war) wohlhabenderen Schichten zusammen und forderten die Rabbinen auf, dem Judentum eine neue, reformierte Gestalt zu geben. So erhielt die Zweite Rabbinerversammlung 1845 in Frankfurt insgesamt 22 Adressen aus den verschiedensten Orten. Einige charakteristische seien hier wiedergegeben (Protokolle, 1845):

Vom „Verein für die Verbesserung jüdischer Zustände“ aus Mannheim kamen 237 Zuschriften, daß die Rabbinerversammlung ihr Augenmerk darauf richten solle, daß „a) die Zeitdauer des Gottesdienstes auf eine, den Bedürfnissen unserer lebensthätigen Zeit entsprechende Weise beschränkt und b) der ganze Gottesdienst, wie die bei demselben üblichen Ceremonien, soweit sie unerläßlich sind, auf eine würdige, den Sitten und der Anschauungsweise unserer Zeit angemessene Art eingerichtet" wird (a.a.O., S. 239f.).

Eine „Denkschrift aus Breslau" (a.a.O., S. 249) stellt fest: „Wenn diese Strebsamkeit, wie sie jetzt im Gebiete des Judenthums herrscht, bloß ein unruhiges Treiben erzeugt, nicht endlich die Religion in der Gestalt erscheinen läßt, daß eine wahrhafte Befriedigung durch ihre Formen und Vorschriften in die Herzen eindringe, daß sie auf das bürgerliche und gesellige Leben nicht hemmend, sondern veredelnd einwirke, dann dürfte die Theilnahme leicht wieder erkalten." Und weiter heißt es aus Breslau (a.a.O., S. 251f.): „Eine Religion kann uns nicht erfüllen, sie kann nicht als eine Lebensmacht wirken, wenn sie ihr Ignoriertwerden dulden muß, und das Streben muß dahin gehen, daß wir uns freudig zu allen ihren Lehren und Pflichten bekennen, ohne mit der ganzen Bildung der Zeit, ohne mit der ganzen Gestaltung des Staates und der Gesellschaft in Collision zu gerathen... Wie soll das Handwerk und der Ackerbau unter den Juden befördert werden, wenn ihnen noch ferner die Schwierigkeiten entgegenstehen sollen, welche die Feiertage ihnen entgegensetzen?... Oder soll dies die Frucht unserer Liebe gegen unser Vaterland sein, daß wir demselben unsre Thätigkeit entziehen?"

Auch alle anderen Eingaben sind in diesem Stile formuliert. Sie fordern mehr oder weniger offen die Rabbiner auf, das Judentum mit Rücksicht auf die neuen bürgerlichen Verhältnisse zu reformieren. Sie lassen dabei die Drohung leise mitklingen, daß sie andernfalls nicht für ihren Verbleib im Judentum garantieren könnten.

Gegen Ende des 19. Jahrhunderts stumpften die religiösen Konflikte immer mehr ab. Das wohlhabende jüdische Bürgertum war vom kapitalistischen Strom seiner Zeit so fortgerissen, daß es keine Zeit und Stimmung mehr hatte, sich noch um die Reform des Judentums zu kümmern. Indifferentismus und

Mischehen wuchsen in erschreckendem Maße (vgl. S. Dubnow, 1920, Band II, S. 335). Nur ganz wenige Laien machten noch ihren Einfluß auf die Gestaltung des Judentums geltend, allerdings an einer Stelle, wo dieser recht wirksam werden mußte, nämlich in den Gemeindeverwaltungen, denen in Preußen kraft des Reglements von 1847 die Rabbiner untergeordnet waren. Die Gemeindevorsteher waren in jüdischen Dingen völlig unwissend und machten vor keinen Gesetzen und Dogmen Halt, wenn sie ihnen „unmodern“ zu sein schienen; sie merzten nach Gutdünken „unpassende“ Gebete aus, und noch heute übt etwa der Vorstand der Berliner Jüdischen Gemeinde dieses Recht des Eingriffs in rein religiöse Angelegenheiten aus. Daß die Bedeutung der Rabbiner durch diese Zustände immer mehr sank, liegt auf der Hand. Aber auch in den Kreisen der Laien blieb das Interesse fast ausschließlich auf diesen engen Kreis der Vorstandsgewaltigen beschränkt.

Erst gegen Anfang des 20. Jahrhunderts rafften sich die liberalen Rabbinen wieder auf und gaben nach langen Beratungen im Jahre 1912 Richtlinien für das liberale Judentum heraus. Das Laienelement nahm an den Beratungen infolge seiner völligen Indifferenz schon gar nicht mehr aktiv teil. Einen passiven, aber starken Einfluß hatte es auf die Abfassung insofern, als in diesen Richtlinien zu retten versucht wurde, was zu retten noch möglich schien. Man versuchte den gegenwärtigen Zustand der Mehrheit der deutschen Juden zu sanktionieren und so ein Bewußtsein zu schaffen, daß auch ihr Leben ein Leben im Sinne des Judentums sei. Man wollte ihnen von Neuem die Möglichkeit geben, sich selbständig an der Entwicklung des Judentums zu beteiligen.

Besonderes Interesse verdient die Ideologie, mit der die Rabbiner selbst den Einfluß des Laienelements auf die geistige Entwicklung des Judentums und speziell der Reform begründen. Man begründet den Einfluß des Laienelements damit, „daß das Judenthum keinen Unterschied zwischen Rabbinen und Laien anerkenne“ (Protokolle, 1845, S. 154; vgl. hierzu die evangelische Synodalverfassung!). Zweifellos ist dieser Grundsatz ein altjüdischer, insofern er besagt, daß es nach der Zerstörung des Zweiten Tempels im ganzen Judentum keinerlei Priestertum mehr gibt, das aufgrund seines Amtes einen besonderen Einfluß auf die Gestaltung des jüdischen Lebens gehabt hatte. Was die liberalen Rabbiner aber verschweigen oder nicht sehen wollen, ist die Kehrseite dieser Tatsache. Zur entscheidenden Persönlichkeit im Judentum wird nach dem Untergang des Priestertums der Rabbi. Dessen Bedeutung leitet sich nicht von einem ihm durch Geburt oder aus sonstigen Gründen verliehenen Amt her, sondern allein von seinem selbsterworbenen Wissen und von seiner Gelehrsamkeit her. Die „Laien" der Reform aber waren weder Priester noch waren sie Männer der jüdischen Gelehrsamkeit. Wie wir sahen, waren sie vielmehr Vertreter der reichsten kapitalistischen Schicht. Doch diese „Begabung" hat niemals die des jüdischen Wissens und Könnens ersetzt.

Um zusammenzufassen: Aus dem Konflikt zwischen der historisch nationalen Form des Judentums einerseits und den Forderungen des wirtschaftlichen, gesellschaftlichen, politischen und geistigen Lebens der neuen Zeit andererseits ergab sich zunächst für jene Schichten, die am stärksten in die deutsche kapitalistische Gesellschaft eingeordnet waren, später dann auch für weitere Schichten, das Bedürfnis, eine Ideologie zu schaffen, die allen Erfordernissen der neuen Welt Rechnung trug und doch ein Verbleiben im Judentum ermöglichte. Träger dieser neuen Ideologie war zunächst die bürgerlich-kapitalistische Schicht selber, und dies aus einem doppelten Grund: Erstens brauchte diese Schicht die neue Ideologie selbst am dringendsten; dann aber hatten sich in dieser Epoche der Einordnung – also etwa von der Mitte des 18. bis zur Mitte des 19. Jahrhunderts – keine Rabbiner und Berufsideologen herausgebildet, die hauptamtlich die Sanktionierung und Weiterbildung der erforderlichen Ideologie hätte vornehmen können. Der altjüdische Rabbiner war vor allem ein Vertreter der jüdischen Gelehrsamkeit und nicht – wie der neue Rabbinertypus – Prediger und Redner bei freudigen und traurigen Anlässen. Der neue Rabbinertypus, der jüdische Seelsorger und Geistliche, der nicht nur seiner Ideologie, sondern auch seinem ganzen Typus nach im Gegensatz zum altjüdischen Rabbiner stand, entwickelte sich erst mit wachsendem Bedürfnis gegen Mitte des 19. Jahrhunderts. Ihn konnte es erst geben, als nicht nur einzelne Bürger Vertreter der neuen Ideologie geworden waren, sondern die Mehrheit der Gemeinde sie vertraten und einen Reformrabbiner anzustellen imstande war.

Samuel Holdheim, einer der radikalsten Reformrabbiner, ist ein gutes Beispiel für den neuen Rabbinertypus. Er war zuerst in der orthodoxen Gemeinde Frankfurt am Main angestellt und führte dort das Leben eines streng gesetzestreuen Rabbiners. Als er aber später eine Anstellung an einer bereits von der Reformideologie ergriffenen Gemeinde fand, ging in ihm der große Gesinnungswandel vor sich: aus dem orthodoxen Rabbiner wurde einer der radikalsten Reformer, der schließlich als Rabbiner jener Reformgemeinde in Berlin endete, die den Sonntagsgottesdienst eingeführt hatte.

Der neue Typ von Rabbiner entstand, als die Einordnung der deutschen Juden so weit fortgeschritten war, daß die Gemeinden Reformrabbiner anstellen konnten, die dann zum Teil gemeinsam und neben den Rabbinen alten Schlages wirkten. Die Situation des neuen Typs von Rabbiner war schwierig: Einerseits mußte er den Bedürfnissen und Forderungen seiner Auftraggeber nachkommen und die von Friedländer und Jacobson begonnene Ideologie fortführen, bei der das Judentum in keinem Punkte mehr im Widerspruch zu den Forderungen der neuen Zeit, ihrer Wirtschaft und ihrer Kultur stehen sollte. Andererseits mußte er als Rabbiner darauf bedacht sein, das Besondere und Spezifische des Judentums im Bewußtsein der jüdischen Bürger lebendig zu halten, wenn er seine Aufgabe und sich selbst nicht illusorisch machen wollte.

Die neuen Rabbiner versuchten, ihre Situation zu meistern, indem sie sozusagen die Grenzpfähle des Judentums in die

Hand nahmen und mit ihnen dem dem Judentum davonlaufenden jüdischen Bürgertum nachrannten. Sobald dieses einmal stehen blieb und sie es eingeholt hatten, steckten sie dann die Grenzpfähle rasch wieder in den Boden. Auf diese Weise konnten sie ihren Auftraggebern erklären, sie stünden auf jüdischem Boden, ohne sehen zu müssen, daß sie nicht die geistigen Führer waren, sondern die von der wirtschaftlichen Entwicklung der deutschen Judenheit Geführten.

3. Die Entwicklung der Reformideologie

a) Die Reformideologie bei Moses Mendelssohn

Wenn wir untersuchen wollen, was die Reformideologie im einzelnen ist, dann müssen wir zunächst an das erinnern, was oben über das Wesen und die Eigenart des rabbinischen Judentums gesagt wurde. Das Wesen des rabbinischen Judentums kann definiert werden als allgemeine Verbindlichkeit des aus einer bestimmten religiösen Grundeinstellung erwachsenen „Gesetzes“ und als Nichtgebundenheit und Unverbindlichkeit aller aus dieser Haltung möglichen verschiedenen Denk- und Glaubenssysteme.

Beim Zusammenprall des historischen Judentums mit der modernen kapitalistischen Kultur entstand ein doppelter Gegensatz: jener zwischen der metaphysischen Grundhaltung des Judentums und dem Geist der Zeit und jener zwischen den Forderungen des Gesetzes und den Forderungen der neuen Wirtschaft und Gesellschaft. In der Terminologie von Alfred Weber läßt sich der Gegensatz bestimmen als jener zwischen den beiden „Kulturen“ und den beiden Gesellschaftskörpern.

Die Dogmenfreiheit des Judentums ließ der subjektiven Interpretation seiner geistigen Grundhaltung einen ziemlich weiten Spielraum. Nur so läßt sich die Ideologie von Moses Mendelssohn, dem Vorläufer der Reform, erklären. Er war zu sehr mit dem Wesen des historischen Judentums vertraut, als daß er nicht wußte, daß das Gesetz in seiner allgemeinen Verbindlichkeit das Wesentliche und das Besondere des Judentums ist. Auch war er zu aufrichtig und ganz und gar davon überzeugt, daß das Primat des Judentums vor der Forderung der Emanzipation stand, so daß er nie wider besserer Erkenntnis die Bedeutung des Gesetzes hätte leugnen können. Zudem lebte er noch in einer Zeit, in der die Regierung auf der Innehaltung des Gesetzes und der Traditionstreue der Juden bestand und in der die wirtschaftliche Einordnung gerade erst begann, so daß das Störende des Gesetzes auch erst allmählich spürbar wurde. Aus all diesen Gründen gelangte er zu einer Ideologie, die zwar dem Wesen des rabbinischen Judentums prinzipiell noch gerecht wird, die aber doch in ihrer Verzerrung schon den ersten Versuch darstellt, das Judentum mit der Kultur der Zeit zu versöhnen.

Moses Mendelssohn erklärte, daß das Judentum nur in seinem Gesetze bestehe und daß der Geist und der Glaube völlig frei seien. Klar und deutlich ist dies in seinem Buch *Jerusalem oder über religiöse Macht und Judentum* (1919) dargelegt:

„Unter allen Vorschriften und Verordnungen des Mosaischen Gesetzes lautet kein einziges ‚du sollst glauben!' oder ‚nicht glauben', sondern alle heißen ‚du sollst tun' oder ‚nicht tun'. Dem Glauben wird nicht befohlen; denn der nimmt keine anderen Befehle an, als die auf dem Weg der Überzeugung zu ihm kommen." (A.a.O., S. 81.) „Daher hat auch das alte Judentum keine symbolischen Bücher, keine Glaubensartikel...ja, wir haben von dem, was man Glaubenseide nennt, gar keinen Begriff, und müssen sie, nach dem Geiste des echten Judentums, für unstatthaft halten... Zu Glaubensfesseln sind sie (die 13 Dogmen des Moses Maimonides) gottlob noch nicht geworden." (A.a.o., S. 82.)

„Mit dem alltäglichen Tun und Lassen der Menschen sollten religiöse und sittliche Erkenntnisse verbunden sein. Das Gesetz trieb sie zwar nicht zum Nachdenken an, schrieb ihnen bloß Handlungen, bloß Tun und Lassen vor. Die große Maxime dieser Verfassung scheint gewesen zu sein: Die Menschen müssen zu Handlungen getrieben und zum Nachdenken nur veranlaßt werden." (A.a.O., S. 103.)

„Staat und Religion waren in dieser ursprünglichen Verfassung nicht vereinigt, sondern eins; nicht verbunden, sondern eben dasselbe. Verhältnis des Menschen gegen die Gesellschaft und Verhältnis des Menschen gegen Gott trafen auf einem Punkt zusammen, und konnten nie in Gegenstoß geraten... Daher gewann das Bürgerliche bei dieser Nation ein heiliges und religiöses Ansehen, und jeder Bürgerdienst ward zugleich ein wahrer Gottesdienst." (A.a.O., S. 114.)

„Wer Gott lästerte, war ein Majestätsschänder; wer den Sabbat freventlich entheiligte, hob, insoweit es an ihm lag, ein Grundgesetz der bürgerlichen Gesellschaft auf, denn auf der Einsetzung dieses Tages beruhte ein wesentlicher Teil der Verfassung... Diese Verbrechen also konnten, ja sie mußten in dieser Verfassung bürgerlich bestraft werden; nicht als irrige Meinung, nicht als Unglaube; sondern als Untaten, als freventliche Staatsverbrechen." (A.a.O., S. 115.) – „Diese Verfassung ist ein einzigesmal dagewesen: nennt sie die mosaische Verfassung, bei ihrem Einzelnamen." (A.a.O., S. 117.)

Moses Mendelssohn sieht im Judentum nur das Gesetz und übersieht die unausgesprochene, aber doch immanent vorhandene religiöse und geistige Grundhaltung, die zu vielerlei individueller Gestaltung befähigt. Diese einseitige Ideologie Mendelssohns erklärt sich aus der Notwendigkeit, bei prinzipieller Treue zum historischen Judentum dennoch in den Geist der zeitgenössischen deutschen Kultur eintreten zu wollen. Er wird der Freund Lessings und ein gefeierter Popularphilosoph der Aufklärung und steht im Zentrum zeitgenössischen Geistes. Soweit er im Judentum überhaupt einen bestimmten Geist verkörpert sieht, begreift er diesen ganz durch die geistige Brille seiner Zeit und paßt sich ihm an. Er macht deshalb auch nicht den Versuch, aus dem Gesetz selbst dessen geistige und religiöse Grundlage zu erkennen.

Den Anschauungen seiner Zeit entsprechend ist für Moses Mendelssohn (1919, S. 111f.) der Glaube des Judentums der durch die Vernunft allen Menschen a priori eingegebene: „Das Judentum bestand, oder sollte der Absicht des Stifters nach bestehen, in...Religionslehren und Sätzen oder ewigen Wahrheiten von Gott, und seiner Regierung und Vorsehung, ohne welche der Mensch nicht aufgeklärt und glücklich sein kann. Diese sind nicht dem Glauben der Nation, unter Androhung ewiger oder zeitlicher Strafen, aufgedrungen; sondern der Natur und Evidenz ewiger Wahrheiten gemäß zur vernünftigen Erkenntnis empfohlen worden. Sie durften nicht durch unmittelbare Offenbarung eingegeben, durch Wort und Schrift, die nur jetzt, nur hier verständlich sind, bekannt gemacht werden. Das allerhöchste Wesen hat sie allen vernünftigen Geschöpfen durch Sache und Begriff geoffenbart, mit einer Schrift in die Seele geschrieben, die zu allen Zeiten und an allen Orten leserlich und verständlich ist.“

Die eigenartige Ideologie Mendelssohns erklärt sich aus seiner besonderen historischen Situation. Seiner Lebensführung und seiner Theorie vom Judentum nach ist er vorwiegend noch ein Vertreter des nationalen rabbinischen Judentums. Soziologisch gesehen – und auch zum Teil seiner unbewußten geistigen Haltung nach – gehört er, dies sei hier nochmals unterstrichen, durchaus an den Anfang der Reform, denn durch seine Verbindung und sein Bündnis mit dem Geist der Zeit und seinen Vertretern macht er die Juden salonfähig, eröffnet er ihnen den Weg in die bürgerliche Gesellschaft und leitet so unbewußt die Epoche der „Reform“ ein, die dann konsequenterweise kommen mußte.

b) Die Ideologie der Reformbewegung

War einmal der Schritt hin zur bürgerlichen Gesellschaft getan, so konnte man bei der Ideologie Mendelssohns nicht stehen bleiben, ja man mußte sie sogar in ihr Gegenteil verkehren. Je intensiver die Einordnung der Juden geschah und je mehr Schichten sie ergriff, desto größer mußte auch der Gegensatz zwischen dem Gesetz und den praktischen Erfordernissen des Lebens werden. Ein Leben nach dem Gesetz war für jenen Juden, für den es keinen Primat des Judentums vor der wirtschaftlichen Einordnung mehr gab und der ganz im Wirtschafts- und Gesellschaftsleben aufgehen wollte, unmöglich geworden. Die Gesetzesideologie von Mendelssohn, die als ersten Schritt die Einordnung in den *Geist* der Zeit ermöglicht hatte, hatte ihre Schuldigkeit getan und wurde weggeworfen.

Die Ideologie der Reform war jener von Mendelssohn geradezu entgegengesetzt. Sie hatte folgende Grundlage: Das Gesetz ist im Judentum unwesentlich; das Judentum ist vielmehr eine Glaubensgemeinschaft, und seine Eigenart besteht in dem besonderen Glauben, vor allem dem ethischen Monotheismus, den es der Welt geschenkt hat. Die Annahme eines bestimmten Glaubens und verschiedener Dogmen war nach der Unverbindlichkeitserklärung des Gesetzes eine notwendige ideologische Konsequenz, wenn vom Judentum überhaupt noch etwas Festes und Spezifisches übrigbleiben sollte. Daß es starke Beziehungen dieser Ideologie zu der in Berlin herrschenden protestantischen gab, sei hier nur angedeutet. Und daß die neugeschaffene jüdische Dogmatik ganz der Zeit entsprach, ist selbstverständlich.

Die Reformideologie sah sich einem ideologischen Konflikt ausgesetzt: Einerseits sollte gelten, daß eine bestimmte Lebensführung kein Spezifikum des Judentums sein soll, andererseits rechtfertigte die den ganz allgemeinen Erkenntnissen der Zeit entsprechende Dogmatik keine besondere Religion mehr. Die Reformideologie suchte mit folgenden Argumenten einen Ausweg aus dem Dilemma: (1) Da die Juden die allgemeinen Ideen der Zeit (den Monotheismus) zuerst entdeckt haben, liegt für sie aus historischen Gründen kein Anlaß vor, zu anderen Religionen überzutreten, die ja diesen Glauben erst vom Judentum entlehnt oder gar geprüft haben. (2) Wenn das Gesetz als ganzes und als gesetzliches Prinzip auch nicht verbindlich ist, so gibt es doch einige religiöse historische Reformen, die der jüdischen Religion eigen sind und die als Unterscheidendes beibehalten werden sollten.

Vor dem Hintergrund des prinzipiellen Charakters der Reformideologie soll nachfolgend untersucht werden, wie sich die Reformideologie im einzelnen entwickelt hat. Ein erster Schritt der Reform ist die Veränderung der Stellung des Gesetzes im Judentum, indem das Gesetz zu einem nicht konstituierenden und nicht mehr zentralen Bestandteil des Judentums erklärt wird. Mit dieser Tendenz wird notwendigerweise auch dem Talmud als dem wesentlichsten Vertreter des Gesetzes eine Absage erteilt:

Bendavid sagt (zit. nach M. Philippsohn, 1907, S. 150): „Das Judentum müsse eine echte natürliche Religion werden, mit dem Glauben an Gott, Unsterblichkeit und dem Fortschreiten der abgeschiedenen Geister zur Vollkommenheit. Der ‚Unfug mit dem schändlichen, sinnlosen' Zeremonialgesetz müsse aufhören. Bendavid rief die Staatsregierung an: die solle jenen mit Gewalt abstellen. Sonst werde zwar ein Teil das Judentum verlassen, ‚die übrigen aber enger zusammenkriechen und ihre Alfanzereien mit mehrerem Eifer nachhängen'." – Die Berliner Reformgenossenschaft verkündete 1848 als ihr Programm: „Verwerfung von Talmud und Messiaslehre, Rückkehr zur heiligen Schrift." – Abraham Geiger [1810-1874], der bedeutendste der Reformrabbiner, stellte in der von ihm selbst herausgegebenen Zeitschrift „Jüdische Zeitschrift für Wissenschaft und Leben" (1872, Band 10, S. 3) fest: „Das Judentum der palästinensischen Nationalität und der herkömmlichen Satzungen ist erstorben; das Judentum aber, das die Menschheit umfaßt und das prophetische Ideen zu seinem Leitstern hat, lebt." – Michael Creizenach forderte die Schaffung eines Schulchan Aruch, eines den Forderungen der Neuzeit angepaßten Gesetzesbuches. Sein Sohn Theodor gründete 1842 in Frankfurt am Main den Verein der Reformfreunde und forderte in einer programmatischen Erklärung: „Die gewöhnlich mit dem Namen ‚Talmud' bezeichnete Sammlung von Kontroversen, Abhandlungen und Vorschriften hat für uns weder in dogmatischer noch in praktischer Hinsicht irgendeine Autorität." (Zit. nach S. Dubnow, 1929, Band II, S. 99.)

Die Protokolle über die Verhandlungen der drei Versammlungen der Reformrabbiner stellen eine der wichtigsten Quellen für das Studium der Geschichte der Reform dar. In ihnen finden wir den Gedanken unzählige Male ausgesprochen, daß das Judentum aufgehört habe, eine Gesetzesreligion zu sein. Einige Beispiele seien angeführt. Auf der dritten Rabbinerversammlung 1846 sagt Auerbach (Protokolle, 1846, S. 13): „Die andere Kollission aber besteht in der starren, eisernen schneidenden Form der Gesetzlichkeit, welche den Sabbat als zugleich bürgerliche Institution, als Staatsgesetz an sich trägt und welche im Talmud noch bis in die kleinsten Einzelheiten hinein zu einem, den Schritt hemmenden Netze ausgesponnen wurde. Hier ist der Boden unserer Wirksamkeit, denn gerade die Starrheit hat dazu beigetragen, die Gemüter dem Sabbat zu entfremden."

Die Kommission über den Sabbat stellt fest (Protokolle, 1846, S. 351f.): „Indem die Commission hiermit die geschichtliche Auffassung der Sabbatidee in kurzen Umrissen darlegt, glaubt sie vollkommen im Geiste der Versammlung den allgemeinen Grundsatz aufstellen zu dürfen, daß wir uns in den Begriff der Bibel hineinleben müssen, daß bloß dessen einzelne Consequenzen dann eine Modifikation erleiden dürfen, wenn diese auf eigentümlichen, umgestalteten Verhältnissen beruhen, während die Betrachtungsweise des Talmuds bloß eine geschichtliche Betrachtung ansprechen darf und bloß insofern noch in ihren Consequenzen Geltung hat, als dieselben noch im Leben mächtig wurzeln, sei es, daß die talmudische Auffassung noch mit unsern heutigen Begriffen harmoniert oder daß den Consequenzen andere unserem Ideenstreite angehörige Gründe sich allmählich untergeschoben haben."

Auch eine Stimme, die die antitalmudische Tendenz der Versammlung und der Kommission über den Sabbat bekämpft, sei angeführt. Ben Israel sagt (Protokolle, 1846, S. 136f.): „Wir dürfen uns überhaupt nicht zu sehr hinreißen lassen von denen, welche eine Reform des Sabbaths beantragen, da wir ihnen doch nie und nimmer genügen, so lange wir ihnen nicht den Geschäftsbetrieb erlauben, was wir alle doch wohl schwerlich können noch wollen... Um dem Vorwurfe [durch Schweigen beizustimmen] zu entgehen, fühle ich mich schließlich gedrungen, die von einigen Herren Rednern vor mir im Namen der Versammlung ausgesprochenen freisinnigen Anschauungen der heiligen Schrift, sowie die Behauptung, die Versammlung habe gänzlich mit dem Talmud gebrochen, und dieser habe für jene durchaus keine Gültigkeit, für meinen Theil auf's Entschiedenste zurückzuweisen."

c) Die Reformideologie im liberalen Judentum

Die gegen das Prinzip des Gesetzes selbst gerichtete Tendenz finden wir später wieder bei den zeitgenössischen Reformern [also jenen zu Beginn des 20. Jahrhunderts].

Deren geistiger Führer Seligmann sagt in einem Generalreferat zu den „Richtlinien zu einem Programm für das liberale Judentum" (1912, S. 26): „Wir machen nicht – wie es zu Zeiten wohl geschah – einen Einschnitt zwischen Bibel und Talmud und erklären die Bibel für göttlich und den Talmud für menschlich, wohl aber ist uns insbesondere die prophetische Offenbarung der Bibel, eben weil in ihr das Religiös-Ethische, das Universalistische, das Ewig-Göttliche zu einem bisher *unerreichten* und nach unserer religiösen Überzeugung unerreichbaren klassischen Ausdruck gelangt, maßgebende religiöse Autorität."

Dieselbe Indifferenz zumindest dem Gesetz gegenüber findet sich im Einleitungs- und Hauptparagraphen der *Richtlinien* (1912, S. 56): „I. ‚Das liberale Judentum' erblickt das Wesen der jüdischen Religion in ihren ewigen Wahrheiten und sittlichen Grundgeboten, welche die geschichtliche Bestimmung haben, Weltreligion zu werden." Ganz deutlich ist dieser Gedanke auch in Seligmanns Erwiderung auf einen orthodoxen Angreifer der Richtlinien ausgesprochen (vgl. C. Seligmann, 1913, S. 41). Endlich sei noch die Äußerung eines der führenden englischen Ideologen der Reform, Moses Montefiore, angeführt (1906, S. 101): „Das Wesentliche ist die Tatsache, daß das liberale Judentum aufgehört hat, eine legale Religion zu sein."

Der liberale Jude kann das Gesetz nicht als das Wesentlichste der jüdischen Religion anerkennen. Das Gesetz konstituiert die jüdische Nation. Jeder Verstoß gegen das Gesetz ist infolgedessen gleichzeitig ein Verstoß gegen den nationalen Charakter des Judentums und umgekehrt. Das Ziel des deutschen Judentums war die völlige Einordnung in das deutsche Wirtschafts-, Kultur- und Gesellschaftsleben. Als Volk konnte man aber nicht im deutschen Volke verbleiben, ohne die Scheidewände zu verewigen. Es war deshalb eine der Haupttendenzen der Reform, den nationalen Charakter des Judentums zu bestreiten und vor allem jene Gesetze abzuschaffen, die diesen nationalen Charakter am sichtbarsten demonstrierten. Diese antinationale Tendenz der Reform, oder umgekehrt ausgedrückt: diese antigesetzliche Tendenz der Antinationalisten war soziologisch gesehen notwendig. Das Gesetz ist ja das Bindeglied zwischen dem physisch konstituierten Volkskörper und dem religiösen Sinn, dessen Träger er wird. Wird der Volkskörper negiert, wird auch das Gesetz in seinem bindenden Charakter überflüssig und hinfällig.

Die antinationale Tendenz sei an einigen wenigen Beispielen illustriert. Schon Friedländer redete „der ‚Umbildung' der jüdischen Sitten, Ausdrucksweisen, Schulen, besonders aber des Gottesdienstes das Wort...; der solle in deutscher Sprache abgehalten und jedes national-jüdischen Gehaltes entkleidet werden" (M. Philippsohn, 1907, S. 158). Aber die Reichen waren so indifferent, daß sie nicht einmal dafür Partei nahmen.

Bezeichnend ist in diesem Zusammenhang auch, daß „die hebräische und die jüdisch-deutsche Sprache" bereits bei der Emanzipation 1812 „als unzulässig erklärt" werden (S. Dubnow, 1920, Band I, S. 209). Gabriel Riesser [1806-1863], Hamburger Rechtsanwalt, Mitglied des Parlaments und Vorkämpfer der Emanzipation, argumentierte (vgl. S. Dubnow, 1929, Band II, S. 50f.), daß „dem Volk nach dem Ableben seines nationalen Körpers die Seele, die Religion, erhalten geblieben" sei; von den „materiellen Gemeinschaftsbanden des Judentums sei nur noch die ‚Stammverwandtschaft' intakt geblieben".

Der „Verein der Reformfreunde" in Frankfurt, von Michael Creizenach gegründet, bekennt im dritten Punkt seiner Statuten: „Ein Messias, der die Israeliten nach dem Lande Palästina zurückführe, wird von uns weder erwartet noch gewünscht. Wir erkennen kein Vaterland als dasjenige, dem wir durch Geburt oder bürgerliches Verhältnis angehören." (Zit. nach S. Dubnow, 1929, Band II, S. 99.) Dieses „Manifest des Freidenkertums" (S. Dubnow, a.a.O.) rief Empörung hervor, vor allem nachdem bekannt wurde, daß es noch einen vierten, geheimgehaltenen Punkt gab, der die Abschaffung der Beschneidungspraxis forderte.

Abraham Geiger [1810-1874] argumentierte auf der 2. Rabbinerversammlung 1845 in Frankfurt: „...auch würde, wenn die hebräische Sprache als wesentliches Moment des Judenthums aufgestellt würde, dieses als eine nationale Religion dargestellt werden, da eine besondere Sprache ein charakteristisches Moment eines gesonderten Volkslebens sei, die nothwendige Verknüpfung des Judentums mit einer gesonderten Nationalität werde aber sicherlich von keinem der Mitglieder dieser Versammlung behauptet." (Protokolle, 1845, S. 33; vgl. S. Dubnow, 1929, Band II, S. 105.)

Samuel Holdheim [1806-1860] veröffentlichte 1843 ein Buch *Über die Autonomie der Rabbinen und das Prinzip der jüdischen Ehe* und forderte darin, daß man im Judentum die politisch-nationalen Elemente streng von den religiösen scheiden müsse; es blieben dann allein die religiös-sittlichen Gesetze erhalten, die für das individuelle Leben bestimmend seien (vgl. S. Dubnow, 1929, Band II, S. 101). Ludwig Philippsohn [1811-1889] schlug eine Synode vor, die den deutschen Juden, die aufgehört haben, ein Volk zu sein, um lediglich eine Religionsgemeinde zu bleiben, wieder Einheit und Kraft verleihen. Und Moses Montefiore [1784-1885] sprach von sich und den liberalen Juden, daß sie das Judentum als Religion und sich selbst als religiöse Gemeinschaft, nicht aber als eine Nation betrachten. (Vgl. M. Montefiore, 1906, S. 18.)

Die *Richtlinien zu einem Programm für das liberale Judentum* aus dem Jahre 1912 sprechen immer nur von einer „Glaubensgemeinschaft". Ihr antinationaler Charakter kommt kaum noch eigens zum Ausdruck, so selbstverständlich ist die antinationale Tendenz bereits geworden. Er drückt sich höchstens noch in der Bestimmung aus, daß alle Gesetze, „die Zusammenhänge mit dem Boden Palästinas und den orientalischen Volkssitten" hätten, zu streichen seien (Richtlinien, 1912, S. 36). Die antinationale Tendenz der Reform ist auch sehr deutlich erkennbar in den Veränderungen, die sie an der traditionellen Agende vorgenommen hat. Alle Stellen, die von einer Bitte um Rückkehr nach Palästina sprechen, ja sämtliche Stellen, die ein nationales Moment ausdrücken, wurden gestrichen. Die entschiedene Gegnerschaft der Reform gegen den national-jüdischen Zionismus zeigt dieselbe Tendenz.

4. Die Stellung der Reform zum jüdischen Gesetz

a) Die Angleichungstendenzen der Reform

Mit der antinationalen Tendenz geht eine starke Angleichung der deutschen Judenheit an die allgemein bürgerliche Gesellschaft sowie des Judentums an die herrschende christliche Religion einher. Es lassen sich drei Ebenen der Angleichung unterscheiden:

(1) Die Angleichung des Judentums an die christliche Religion, wodurch dem Judentum der nationale Charakter genommen und der Charakter einer Religion zugeschrieben wird. (2) Die Angleichung des Judentums an die Erfordernisse der Wirtschaft und der Gesellschaft. (3) Die Angleichung der Juden als Träger eines bestimmten Geistes an den Geist des Kapitalismus.

Die Angleichung des Judentums an die christliche Religion wird prinzipiell bereits mit der Ausrufung des Judentums als einer Glaubensgemeinschaft, einer „Religion“ oder „Konfession“ vollzogen. Alle einzelnen Angleichungen an das Christentum sind nur Konsequenzen dieser grundlegenden Tatsache. So tritt die deutsche Predigt in den Mittelpunkt des Gottesdienstes, Chor und Orgel werden eingeführt, Knaben und Mädchen müssen mit Eintritt in das 13. Lebensjahr oder später ein Glaubensbekenntnis ablegen und an die Stelle der hebräischen Gebetssprache tritt die deutsche.

Alle genannten Reformen wurden schon vor 1815 von Israel Jacobson als Präsident des Kasseler Konsistoriums eingeführt, dann von David Friedländer wieder aufgenommen und von den Reformrabbinern akzeptiert. Sie sind heute unbestrittene Bestandteile des liberalen Judentums. Daß auch der Typ des Reformrabbiners, der vor allem Geistlicher und Seelsorger ist und sich vom altjüdischen Typ des Gelehrten unterscheidet, ein Ergebnis der Angleichung an den christlichen Geistlichen ist, wurde bereits ausgeführt. Die innere Angleichung führte sogar zur Angleichung bei der Amtstracht, so daß diese die innere Angleichung symbolisiert. Zugleich wird die gesamte jüdische Einstellung zum Christentum freundlicher, ein Vorgang, der schon bei den Karäern zu beobachten war. Mit zwei typischen Äußerungen Moses Montefiores (1906, S. 97f.) sei diese Tendenz illustriert: „Nach meinem persönlichen Gefühl kann das liberale Judentum nicht mehr den Standpunkt vertreten, daß das Neue im Neuen Testament nicht wahr, und das Wahre nicht neu sein könne, und daß Jesus von Nazareth nicht inspiriert gewesen sei.“ Und: Das Neue Testament „ist eine Vervollständigung und Vertiefung jüdischer Lehre und jüdischer Weisheit“.

Es ist schwierig, den unmittelbaren Einfluß wirtschaftlicher Notwendigkeiten auf das neue Gesetz der Reform nachzuweisen, weil die Reform, wie bereits gezeigt wurde, dem Gesetz überhaupt nur eine untergeordnete Rolle zuwies und weil, wie noch zu zeigen sein wird, sie es vermeidet, überhaupt bestimmte Prinzipien aufzustellen und dem alten, von ihr in seiner Verbindlichkeit geleugneten Gesetz ein neu formuliertes oder abgeändertes gegenüberzustellen. Wenn die Reform sich jedoch konkret äußert und offiziell Stellung nimmt, sind die wirtschaftlichen Ursachen und Einflüsse unmittelbar und sofort zu erkennen.

Prinzipielle Stellungnahmen zum Gesetz sind bei den Laienreformern kaum zu erwarten, da diese ja das Gesetz in Bausch und Bogen ablehnen. Die Untersuchung muß sich hier deshalb auf die Reformrabbiner als die eigentlichen Träger der Ideologie erstrecken. In wirtschaftlicher Hinsicht unmittelbar störend waren das Gesetz in seinen Bestimmungen zum Sabbat, die ein strenges Arbeitsverbot aussprachen, und das Speisegesetz, das die Lebenshaltung verteuerte und den dauernden oder zeitweiligen Aufenthalt in Gebieten, die nicht von Juden bewohnt waren, verunmöglichte.

Zur Sabbatfrage erklärte die dritte Rabbinerversammlung (Protokolle 1846, S. 311), „daß wenn ein Stillstand im Berufsgeschäfte die Existenz gefährdet, die Fortführung derselben am Sabbathe durch Nichtisraeliten gestattet sei (S. 173 und 174) und daß es ebenso mit keinerlei religiösen Pflicht streite, in Fällen, wo die ganze zeitliche Wohlfahrt, wo Hab' und Gut, wo die Mittel für die künftige Existenz bedroht sind, auch an Sabbathen Anordnungen zur Rettung zu treffen und selbst zu retten..." Es ist ohne weiteres klar, was mit dieser noch etwas versteckten Formulierung prinzipiell ausgedrückt wurde und auch ausgedrückt werden sollte: Es wurde das Primat der bürgerlichen Berufstätigkeit vor der strengen Forderung des Gesetzes festgeschrieben, wonach am Sabbat jede Berufstätigkeit zu unterlassen sei (und auch die Fortführung der Geschäfte durch einen Nichtjuden untersagt war). Der Paragraph bedeutete de facto eine Aufhebung des Sabbat. Daß dies auch intendiert war, ergibt sich auch aus der Begründung seines Antragstellers: „Wechsler motiviert diesen Antrag, indem er zugleich auf die Dringlichkeit hinweist. Man lege in Posen zum Beispiel jüdische Colonien an. In der Erntezeit dürfte da die Arbeit durch Israeliten durchaus nothwendig werden." (Protokolle, 1846, S. 174.)

Das Erwerbsleben erleichtern sollte auch die von der dritten Rabbinerversammlung beschlossene Abschaffung der zweiten Feiertage: „Die Versammlung erklärt, daß die zweiten Feiertage, nämlich der zweite und achte Tag des Passahfestes, der zweite Tag des Wochenfestes, des Neujahrs-, des Hütten- und Schlußfestes nach unseren religiösen Urkunden keine Begründung mehr für unsere Zeit haben." (Protokolle, 1846, S. 312.)

Auch die Bestimmungen des Gesetzes für die Trauer der Eltern, Kinder und Geschwister wurden aufgehoben, da das siebentägige Arbeitsverbot das Berufsleben zu stark behinderte: „Die Versammlung hält es für rathsam, daß der Leidtragende in den ersten drei (nicht wie bisher sieben) Tagen vom Begräbnißtage an, sich, soweit höhere Pflichten und Gesundheitsrücksichten es gestatten, zu Hause halte.“ (A.a.O., S. 314.)

Den gleichen Hintergrund hatte die Anfrage eines jüdischen Seifensieders, „ob das Verbot der Schweinezucht auf ihn anwendbar sei, in welchem Falle er, seiner Profession ein Seifensieder, großen Schaden in seinem Oekonomiehaushalte erleiden würde“ (Protokolle, 1845, S. 174). Man teilte ihm mit, daß nach dem strengen Herkommen der in Rede stehende Zweig der Viehzucht den Israeliten nicht gestattet sei; dieses Herkommen müsse jedoch weichen, wenn es dem Gewerbe des Ackerbaus als bedeutendes Hindernis im Wege stehe. Falls letzteres bei ihm der Fall sei, so werde ihm hiermit auf seine Anfrage im bejahenden Sinne Bescheid gegeben.

Es wurde bereits gezeigt, wie radikal die Berliner Reformgenossenschaft das Sabbatproblem löste, indem sie den Sabbat auf den Sonntag verlegte. Aber auch im offiziellen Bericht über die Richtlinien können wir lesen, daß die Verlegung des Sabbats auf den Sonntag bereits in den Richtlinien prinzipiell ermöglicht sei durch folgenden, allerdings recht harmlos klingenden Satz: „Gegen einen Predigtgottesdienst am Sonntag und an anderen Wochentagen kann selbst religionsgesetzlich nichts eingewendet werden, solange der Gottesdienst am Sabbat seine volle Weihe behält.“ – Auch Moses Montefiore (1906, S. 145) scheute sich, den Sabbat einfach auf den Sonntag zu verlegen, doch versteht er sich abzufinden: „Wir müssen vorläufig diesen Konflikt sich selbst überlassen, denn solange der Sonnabend als Sabbat bestehenbleibt, solange müssen auch die Sabbatentheiligungen an der Tagesordnung bleiben.“

Zur Frage des Speisegesetzes sei hier eine typische Äußerung wiedergegeben, die auf der zweiten Rabbinerversammlung 1845 gemacht wurde (Protokolle, 1845, S. 252f.): „Bedenken Sie aber ferner die ewige Entfremdung, welche gerade diese Speiseverbote in ihrem Gefolge haben, wie kann eine gesellige Annäherung stattfinden, wenn das Mahl ein getheiltes bleiben muß! Seitdem wir aber dem Vaterlande für die Erde unsere ungetheilte Liebe schenken, keinen träumerischen Hoffnungen für die Wiedererlangung eines jüdischen Staates nachhängen, ist auch das Bedürfnis einer vollständigen Anschließung an unsere Staatsgenossen, ohne Unterschied des Glaubens, ein so dringendes geworden, daß eine Störung der geselligen Verhältnisse geradezu den Glauben untergraben, ihm seine Würde und Weihe rauben heißt." – Die *Richtlinien* (1912) ziehen nur die Konsequenz aus dieser Anschauung, wenn sie alle jene Gesetze für aufgehoben erklären, bei deren Einführung maßgebend war „die Erschwerung des Verkehrs mit Nichtjuden" und „sanitäre Gründe". (Bekanntlich haben schon rationalistische Erklärer versucht, die Speisegebote auf bestimmte sanitäre Schutzmaßnahmen zurückzuführen.)

b) Die Unverbindlichkeit und Individualisierung des Gesetzes in der Reform

Für das rabbinische Verständnis des Gesetzes ist es wesentlich, daß das Gesetz für jeden verbindlich ist, daß es für die Nation als solche gilt und daß jedem einzelnen genau vorgeschrieben ist, was er zu tun und zu lassen hat, ohne daß es in seiner Macht läge, sich die Gesetze herauszusuchen, die ihm gerade gefallen oder angenehm sind. Das geltende Gesetz wird entweder durch dazu formell berechtigte Instanzen oder durch Rezeption bedeutender Kodifikationen bestimmt.

Die Reform kommt zu ihren entscheidenden Änderungen, indem sie die starren Bindungen des Gesetzes aufhebt und das Maß dessen, was sie vom Gesetz als verbindlich halten und anerkennen will, dem Gutdünken des einzelnen überläßt. Die Reform selbst hat diesen Vorgang für ihr ganzes Gedankengebäude als derart wesentlich angesehen, daß sie einen zweiten Namen angenommen hat, der dies ausdrückt: „Jüdischer Liberalismus". (Freilich kann der Name ehrlicherweise nicht mit dem politischen Liberalismus gleichgesetzt werden, da die Vertreter der Reform in den jüdischen Gemeinde gerade die ärgsten Autokraten waren!)

Die Reform lehnt es ab, ein allgemein gültiges Gesetz aufzustellen; sie statuiert statt dessen die Autonomie des einzelnen in Fragen der Innehaltung des Gesetzes. Daß sie mit diesem „Liberalismus“ aus der Not eine Tugend macht, ist nach allem bereits Gesagten klar. Hätte man ein, wenn auch nur geringes Maß an Gesetzlichkeit als Voraussetzung des Judeseins gefordert, so hätte man einen großen Teil der Anhänger verloren, der nicht gewillt war, sich auch nur irgendwelche drückenden Fesseln auferlegen zu lassen. Schraubte man aber das offizielle Maß der gesetzlichen Forderungen ganz herunter, machte man sich als Rabbiner, das heißt, als Vertreter einer doch recht konkreten und geschichtlichen „Religion“, selbst völlig illusorisch und unmöglich. So wählte man als Kompromiß den Liberalismus, der in Formulierung und Inhalt implizit das enthält, was man zum Gesetz zu sagen hat, der aber auch explizit an vielen Stellen ausgedrückt ist.

Bei den Karäern war die eigene literarische Form der Gesetzesbücher wesentlich, so daß jeder Lehrer sein eigenes Gesetzesbuch schrieb. Bei der Reform hat nicht mehr jeder Lehrer, sondern jeder einzelne Jude über das Gesetz zu entscheiden. Soziologisch wichtig ist hier der Stil, mit dem man die Aufrechterhaltung der wenigen noch übriggebliebenen Gesetze begründet: Es wird nichts Bestimmtes befohlen, sondern immer nur etwas Unbestimmtes für gut und wünschenswert befunden und die Nichtbefolgung gleich als Ausnahme mit in die positive Anordnung hineingenommen.

Völlig dem freien Ermessen des einzelnen überlassen wird die Innehaltung der Sabbatruhe, wie aus folgender Formulierung des Kommissionsmitglieds Kahn auf der dritten Rabbinerversammlung (Protokolle, 1846, S. 49) zu ersehen ist: „Hingegen jede nicht gewerbliche und nicht anstrengende Thätigkeit ist erlaubt, müßte ergänzt werden: mit Ausnahme des Feueranzündens, weil dieses ausdrücklich in der Bibel besonders verboten ist, und wir von dieser nicht abweichen wollen und können."

Zum Sabbat beschließt die dritte Rabbinerversammlung: „Die Versammlung erklärt: ...daß die übergroße Strenge bestehender Vorschriften für die Feier des Sabbaths derselben nachtheilig sei. Sie erklärt daher namentlich jene weitgetriebenen Umzäunungen, welche eine völlig müßige Ruhe erzielen sollen, für nicht bindend (S. 175 und 176)." (Protokolle, 1846, S. 311f.) – Und die *Richtlinien* (1912, S. 39) bestimmen: „Die Feier des Sabbats und der Festtage vollzieht sich: a) durch häusliche Festtagsweihe, b) durch Besuch des öffentlichen Gottesdienstes, c) durch Enthaltung von jeder geschäftlichen, das heißt, nicht zur Lebenserhaltung unbedingt erforderlichen Arbeit. Der Versöhnungstag als der höchste Sabbat verlangt schrankenlose Heiligung."

Wurde im rabbinischen Judentum noch jede einzelne verbotene Handlung aufgezählt und mit großer Ausführlichkeit kasuistisch festgestellt, so fällt bei der Reform die Allgemeinheit und Dehnbarkeit der Aussagen auf, etwa bei den Hauptaussagen der dritten Rabbinerversammlung zum Sabbat (Protokolle, 1846, S. 311): „Die Versammlung erklärt: daß die Wiederherstellung einer würdigen Feier des Sabbaths, als Tages der Ruhe und der Heiligung, eine der heiligsten Aufgaben sowohl des israelitischen Volkslehrers als jedes einzelnen Israeliten sei und daß deshalb in der Gegenwart die Aufmerksamkeit vorzüglich dahin müsse gerichtet sein, durch erhöhte gottesdienstliche Feier und durch Förderung der Sabbathweihe in den Häusern die Heiligkeit des Sabbaths immer lebendiger ins Bewußtsein zu rufen (S. 166-172)." Bei den bereits erwähnten Abänderungen der Trauergebräuche findet sich eine besonders typische Wendung: Die Versammlung hält es dort für „rathsam, daß...".

Für die Individualisierung des Gesetzes spricht sich ganz deutlich Moses Montefiore in seinem Buch *Liberales Judentum* (1906) aus: „Die Satzungen als solche erscheinen ihm (dem liberalen Juden) nicht länger gut, weil sie göttlich sind. Sie sind nur göttlich, wenn sie gut sind. Aber er will ihnen nicht den Gehorsam verweigern, noch ihre öffentliche und allgemeine Befolgung als nicht wünschenswert ansehen, nur weil sie Ritualgesetze sind, oder weil wir nicht länger glauben können, daß sie Moses durch Gott offenbart worden sind. Ihre Befolgung mag auch heute noch von verschiedenen Gesichtspunkten gesehen als wünschenswert erscheinen." (A.a.O., S. 132.)

Hinsichtlich der Speisegesetze sagt er (a.a.O., S. 137f.): „Die Speisegesetze des Pentateuch können im allgemeinen befolgt werden, ohne daß irgendwelche höhere bürgerliche Pflicht dadurch vernachlässigt würde. Unter solchen Umständen mögen wir die Befolgung dieser Satzungen als Memento für unsere Pflichten Gott und Menschen gegenüber betrachten und als wohltuende Übung in Selbstbeherrschung und Selbstverleugnung schätzen lernen... Die Speisegesetze berühren ausschließlich unser Privatleben. Ich persönlich würde weder sagen, daß ein liberaler Jude unklug daran täte, sie zu übertreten, noch daß er unlogisch handeln würde, indem er sie befolgte. Aber wenn er sie befolgt, müssen seine Gründe hierfür anerkannter Maßen andere sein als die seiner orthodoxen Brüder... Es muß dem einzelnen überlassen bleiben, zwischen diesen widerstreitenden Argumenten zu entscheiden."

Für den Sabbat waren den liberalen Juden zwei Dinge wichtig: er soll ein Tag der Ruhe sein, und man soll an ihm mindestens zwei Stunden der Verehrung Gottes widmen. Der Familiengottesdienst in der Synagoge mag entsprechend den Neigungen und Auffassungen der Familien modifiziert werden. Auch die Sabbatgottesdienste sollten sich untereinander nicht völlig gleichen, denn Gleichheit sei für viele Monotonie, und Monotonie sei Tod. Es wurde auch nicht als wesentlich angesehen, ob während sieben Tage nur ungesäuertes Brot gegessen wird. Das liberale Judentum glaubte nicht, daß Gott allen Israeliten gebot, am Versöhnungstage zu fasten, aber es sprach kein Grund dagegen, warum sie nicht aus Selbstzucht fasten sollten.

Ebenso unbestimmt wie die Formulierungen des liberalen Rabbinerverbandes waren auch ihre Richtlinien über Sabbat und Feste: „Sabbat und Feste, diese Träger der bedeutendsten religiösen Gedanken und Erinnerungen, sind durch Besuch des Gottesdienstes weihevoll zu begehen. An ihnen soll alles vermieden werden, was ihre würdige Feier stört; was dieselbe nicht beeinträchtigt, kann nicht als verboten gelten. Darum haben alle aus der Ausdehnung des Ruhegebotes hervorgegangenen Erschwerungen keinen Anspruch auf Gültigkeit. Jede Werktagsarbeit aber soll unterbleiben. Solange die volle Erfüllung dieser Forderung an den wirtschaftlichen Verhältnissen scheitert, ist der häuslichen Ruhe, dem Besuch des Gottesdienstes und der Feier des Freitagabends und der Vorabende der Feste erhöhte Pflege zuzuwenden. Ihre feierlichen Bräuche: das Anzünden der Lichter, der Elternsegen, der Dankessprüche über Wein und Brot, Seder- und Chanukkohfeier sollen in ihrer alten Bedeutung in unseren Häusern fortleben und mit neuer Weihe umgeben werden." (Richtlinien, 1912, S. 59f.)

Die vorstehenden Formulierungen sind außerordentlich bezeichnend für den Geist und die Methode der Reform. Man formuliert das Sabbatgesetz nur noch in ganz allgemeinen Ausdrücken: „weihevoll begehen"; es ist zu vermeiden, „was ihre würdige Feier stört"; „jede Werktagsarbeit soll unterbleiben". Aber selbst diese allgemeinen Formulierungen, die dem einzelnen immer noch die größte Freiheit lassen und ihn im Vergleich zum jüdischen Sabbatgesetz so gut wie nicht binden, werden noch als zu schroff empfunden, so daß man den wirtschaftlichen Verhältnissen den Vorrang einräumt. Die Idee des jüdischen Sabbats war die strikteste Arbeitsenthaltung, die völlige Loslösung vom Geschäfts- und Erwerbsleben. Jetzt erklärte man nebensächliche Einzelheiten für wichtige beizubehaltende Momente des Sabbats, wie den Elternsegen oder das Anzünden der Lichter, die allerdings ganz dazu angetan sind, der bürgerlichen Atmosphäre eine gewisse Behaglichkeit zu verleihen.

Auch was über das Gebet in den *Richtlinien* (1912, S. 60) gesagt wird, ist unbestimmt und individualistisch: „Das tägliche häusliche Gebet ist als eines der wertvollsten Mittel zur Förderung religiösen Lebens zu pflegen." Aber nicht nur, daß anstelle der Pflicht, dreimal täglich zu beten, ein „Pflegen" des häuslichen Gebets getreten ist, auch der Inhalt des Gebets ist völlig individualisiert. An die Stelle des formal-kollektivistischen Achtzehngebets treten moderne, dem individuellen Bewußtsein einer bestimmten Gruppe angepaßte Lieder, Gedichte und neue Gebete. Schon die Tatsache, daß man jene Stellen, die dem eigenen Zeitgefühl und Bedürfnis nicht mehr angepaßt waren, aus ihrem jahrtausendealten Zusammenhang nahm und strich, ist symptomatisch. Aus der nationalen „Ordnung" religiöser Texte machte man ein individuelles „Gebetsbuch". Und über die Psalmen sagten die *Richtlinien* (1912, S. 40): „Unsere Psalmen in deutscher und hebräischer Sprache müssen als Wechselgesänge zwischen Vorbeter und Gemeinde und als Gemeindegesänge den breitesten Raum im Gottesdienst einnehmen."

Am augenscheinlichsten zeigt sich die Individualisierung des Gebets bei der Feststellung der *Richtlinien* (1912, S. 64): „Die Abhaltung des Gottesdienstes ist unabhängig von der Zahl der Betenden." Hiermit durchbrach man ein Grundprinzip des rabbinischen Judentums, für das das Gebet immer eine Angelegenheit der Gemeinschaft war und für das das Gebet nur in der Gemeinschaft seinen vollen Sinn hatte.

Es wird auch ganz offen erklärt, daß man gar keine Bindung schaffen wolle, sondern alles dem Gutdünken des einzelnen überlassen bleiben solle, denn die Willenskraft der Gesamtheit sei gebrochen und der Wille des einzelnen müsse sich stärken. Auf der zweiten Rabbinerversammlung sagte Abraham Geiger (Protokolle, 1845, S. 178): „Die Versammlung als solche wird nie über Principien discutiren. Das Lebensbedürfniß hat insbesondere ihre Aufmerksamkeit auf sich zu ziehen."

Dieselben Gedanken spricht der Rabbiner Dr. Freudenthal aus Nürnberg in seinem Kommissionsreferat zum Religionsgesetz

(Richtlinien, 1912, S. 34f.) aus: „Der Vereinigung für das liberale Judentum steht es natürlich nicht zu, für die gesamte Judenheit bindende Beschlüsse zu fassen. Soweit es sich um die Ablehnung religionsgesetzlicher Erscheinungen handelt, kann sie vielmehr nur und muß erklären, daß für die auf dem Boden der Vereinigung stehenden Juden solche Religionsgesetze nicht den Charakter bindender Vorschriften, sondern höchstens frommer Traditionen besitzen, daß ihre Verletzung keinen Verstoß gegen die jüdische Lehre, ihre Beobachtung aber auch keine Erfüllung derselben bedeutet. Deren traditionelle Übung jemanden streitig zu machen, kann jedoch weder Absicht noch Aufgabe der Vereinigung sein."

In seinem General-Referat auf der Rabbinerversammlung zu Berlin sagt der Frankfurter Rabbiner Dr. Seligmann: „Darum wollen wir in unseren Richtlinien eben keine neue peinliche Reglementierung des religiösen Lebens schaffen. Eine Fülle individueller Meinungen und eine Mannigfaltigkeit der religiösen Lebensführung soll über die von uns gezogenen Grenz- und Richtlinien hinaus nebeneinander zu Recht bestehen, und der Liberalismus muß liberal genug sein, sie alle tolerieren zu können. Wir sprechen in unseren Richtlinien aus, was wir als Mindestmaß der zeremoniellen Forderungen ansehen." (Richtlinien, 1912, S. 28.) Und der bereits zitierte Nürnberger Rabbiner Dr. Freudenthal bestätigt: „In der Erfüllung der im vorangehenden Abschnitt aufgeführten religiösen Forderungen erblickt die Vereinigung für das liberale Judentum die ausreichende religionsgesetzliche Betätigung eines Israeliten. Das Maß dieser Erfüllung kann jüdischem Grundsatz gemäß nicht vorgeschrieben werden. Erst recht muß es dem einzelnen überlassen bleiben, inwieweit er diejenigen Ritualien üben will, welche außerhalb des Rahmens jener Forderungen als nicht allgemein verbindlich liegen." (A.a.O., S. 42.)

c) Die Prinzipienlosigkeit der Reform

Begreift man die Reformideologie als Ausdruck des Zusammenstoßes des jüdischen mit dem bürgerlich-kapitalistischen Geschichtskörpers, so erscheint es nur selbstverständlich, daß die Reform keine autonomen religiösen oder historischen Prinzipien besaß, nach denen die Reform sich hätte gestalten können. Ihre Prinzipienlosigkeit gestehen die Reformer nur selten ein (Abraham Geiger tat es zum Beispiel in der zuvor zitierten Äußerung). Das völlige Fehlen von Prinzipien wird zugleich scharf gerügt von einem Mann, der ursprünglich selbst als Mitglied der ersten Rabbinerversammlung eine gemäßigte Reform mitmachen wollte, dann aber der Reform wegen ihrer Prinzipienlosigkeit enttäuscht den Rücken zukehrte: Zacharias Frankel [1801-1871].

Frankel bezog auf der zweiten Rabbinerversammlung Stellung zur Reform (Protokolle, 1845, S. 18f.):

„Zunächst haben die Stimmführer anzugeben, auf welchem Boden sie stehen, welche Prinzipien sie leiten. Es ist der Stolz des Judenthums, daß keine Persönlichkeit und kein Stand sich eine Autorität anmaßen dürfe, sondern alle Entscheidungen aus ihrem Prinzipe fließen müssen und nur durch dieses ihre Geltung erlangen. Abstimmungen und Meinungen abgeben stehe jedem Juden frei, aber ohne Prinzip sei alles nur eine Privatmeinung. Das Volk ist somit berechtigt, von uns vor allem die Darlegung unsers Prinzips zu fordern... Zum Buchstaben der Schrift können wir nicht mehr zurückkehren, es liegt eine zu große Kluft zwischen ihm und uns und eine neue Exegese ist den verschiedenen Phasen der Wissenschaft ausgesetzt, als ungeeignet zur Aufführung eines festen Gebäudes. Sollen wir gar dem Geist der Zeit einen festen Einfluß gönnen? Der Zeitgeist ist veränderlich wie die Zeit. Er ist ohnehin kalt, mag wohl verständig erscheinen, wird aber nie das Gemüth befriedigen, trösten, beruhigen, beseligen; das Judenthum aber ist stets wahrhaft begeisternd, beseligend... Auf einzelne, welche die Gebräuche nicht üben, haben wir nicht Rücksicht zu nehmen; wir sind nicht Partei, sondern wir haben für die Gesamtheit Sorge zu tragen."

Die Reformideologen befanden sich nicht nur in einer gesellschaftlichen, sondern auch in einer geistigen Zwangslage. Ein Rückgriff auf die Bibel hätte bedeutet, daß sie eine Anzahl von Gesetzen als verbindlich hätten erklären müssen, die ganz und gar „dem Geist der Zeit widersprachen". Eine verbindliche Anerkennung des Talmud und der talmudischen Literatur hätte die Übernahme eben jener nationalen Fesseln des Gesetzes bedeutet, die abzuwerfen gerade Sinn und Aufgabe der Reform war. Wollten sie aber endlich alle Gesetze der Bibel und des Talmud für nicht verbindlich erklären, dann blieb von ihrem Judentum tatsächlich nichts als einige allgemeine geistige Besitztümer der Zeit und anderer Religionen übrig, für deren Aufrechterhaltung man weder das Judentum noch Rabbiner braucht. Die erste Generation von Reform-Rabbinern half sich damit, daß sie überhaupt von keinem autonomen religiösen Prinzip spricht und gerade immer das Prinzip anwendet, das tauglich ist, um den betreffenden Fall in Übereinstimmung mit dem wirklich maßgebenden Prinzip der Reform zu bringen: dem Geist der Zeit und im besonderen der Wirtschaft.

Schon Israel Jacobson hatte sich für seine radikale Reform bestätigende Gutachten streng orthodoxer Rabbiner bestellt (deren Echtheit allerdings bestritten wird). Dasselbe Prinzip, sich das Rüstzeug gegen den Talmud aus dem Talmud selbst zu holen, wenden auch die ersten eigentlichen Reformrabbiner an. So rechtfertigt Samuel Holdheim seine Argumentation, die einzelnen Landesregierungen hätten das Recht, alles, was sich dem Rahmen der allgemeinen Gesetzgebung nicht anpasse, in die Reihe abzuschaffender Nationalgesetze einzureihen, mit zwei Prinzipien, die er dem von ihm zum Tode verurteilten Talmud entlehnte: „1. Reichsrecht bricht speziell jüdisches Gesetz (Dina de'malchuta dina); 2. Alle Vorschriften, deren Voraussetzung das jüdische Territorium in Palästina ist (Debarim ha'tluim ba'arez), sind außerhalb dieses Territoriums ungültig." (S. Dubnow, 1929, Band II, S. 101.)

An anderer Stelle gibt man das Fehlen eines eigenen Prinzips ganz offen zu. So sagt Wechsler im Kommissionsbericht über den Sabbat auf der dritten Rabbinerversammlung (Protokolle, 1846, S. 43): „Wir dürfen uns daher, meines Erachtens, nicht von dem Umstande abschrecken lassen, daß wir in der Entscheidung auf ein selbständiges Urtheil angewiesen sind, daß der traditionelle Begriff, daß auch der biblische Standpunkt uns nur sparsam Analogien und Winke darbietet zur Entscheidung. Unser Gewissen, unsere Überzeugung muß uns leiten, hier eine Norm für das Leben aufzustellen, in welcher und mit welcher die Lehre nicht immer wieder in Conflikt kommen muß." – Zum Teil versucht man es mit so ganz unklaren Formulierungen wie folgender: „Das Prinzip zwar ist nicht richtig erfaßt, aber die Intention ist gewiß die rechte, nämlich jene lebendige Tradition, die aus dem tief religiösen Bewußtsein quillt, an den Tag zu fördern und damit die starre Äußerlichkeit des Gesetzes zu überwinden, ohne die Grundbedeutung zu zerstören." (Protokolle, 1846, S, 131.)

In den praktischen Entscheidungen wird noch weniger ein Prinzip sichtbar. Was da über das Sabbatgesetz bestimmt wurde, ist derart, daß sogar der liberale Historiker Martin Philippsohn (1907, S. 214) zugestehen muß: „Es war eine kasuistische Heuchelei, zuerst das Gesetz der Sabbatruhe als durchaus bindend zu erklären und dann zahlreiche Ausnahmen von solcher Unbestimmtheit und Dehnbarkeit zu gestatten, daß sie schließlich das ganze Prinzip aufhoben."

Die Prinzipienlosigkeit in praktischen Fragen soll an folgenden Fällen illustriert werden: In einem Ausschußbericht der zweiten Rabbinerversammlung (Protokolle, 1845, S. 359-371) geht es um einen Antrag, „ob in bezeichneten Umständen Flußbäder, worin das Wasser durch Pumpen und Schläuche in Badewannen geleitet wird, zum religiös gesetzlichen Baden der

Frauen erlaubt werden können". Die Frage wird von drei Gesichtspunkten her angegangen: „1. steht der betreffenden Erlaubniß biblisch, 2. steht ihr traditionell, 3. steht ihr rabbinisch etwas entgegen?"

Die Antworten lauten: „Reinbiblisch ist demnach keinesfalls der menstruierenden Frau ein Bad zu ihrer Reinigung geboten..." Hinsichtlich des Traditionsarguments wird gesagt: „Nur in Erleichterung des Gesetzes ist dessen Ansehen in unseren Tagen zu retten... Und wenn Maimonides...richtig bemerkt, daß man, um den Leib zu retten, einen Arm hingeben müsse, um wie viel mehr muß man, um eine heilige Sitte zu retten, die Umzäunung hingeben." Und schließlich, ob der Erlaubnis rabbinisch etwas im Wege stehe: „Es sind demnach die in Frage stehenden Bäder selbst vom rabbinischen Standpunkte aus zu erlauben, sobald die Badewanne gehörig groß, der rabbinischen Vorschrift gemäß bestellt und am Boden befestigt ist."

Hier soll also ein Gebot, das man als biblisch nicht anerkennt, aufrechterhalten werden, weil es eine alte Tradition ist. Um diese Tradition aufrechterhalten zu können, setzt man sich über die rabbinischen Modalitäten dieses Gebotes hinweg, um im Nachhinein zu konstatieren, daß man eigentlich auch diese erfüllt. Maßgebend für die Beibehaltung eines Gebotes hier ist also seine ununterbrochene traditionelle Übung.

Anders verfährt man bei der Beurteilung des Sabbats. Hier arbeitet der Kommissionsbericht den biblischen Ruhebegriff heraus, erklärt, daß man sich an diesen halten wolle, daß aber der Talmud diesen Begriff verkannt und Konsequenzen gezogen habe, die alles auf den Kopf stellten. Vom talmudischen Arbeitsbegriff, der ebenfalls eine lange Tradition durch die ganze jüdische Geschichte hat, will man nichts wissen. Doch auf eine strenge Durchführung auch nur der biblischen Sabbatvorschriften (wie des Verbotes zu tragen, Feuer anzuzünden usw.), die der Karäismus noch auf sich nahm, verzichtet die Reform. Maßgebend ist hier also der biblische Begriff – im Gegensatz zum talmudischen, aber auch nur insoweit er nicht in Konflikt mit dem Leben steht.

Paßt die talmudische Vorstellung in die eigene Vorstellung, dann zieht man auch die talmudische Sicht zur Unterstützung der eigenen Meinung heran. Dies geschieht zum Beispiel bei der Frage des deutschen Gebetes. Da lautete die erste Frage: „Ob eine objektive Nothwendigkeit des Hebräischen beim Gebete aus irgendeiner vorhandenen gesetzlichen Vorschrift gegeben sei" (Protokolle, 1845, S. 27). Mit viel Aufwand an Kenntnissen und an Scharfsinn wird dann nachgewiesen, daß talmudisch – denn dies wird an dieser Stelle unter „gesetzlich" verstanden – nichts gegen das Beten in einer fremden, das heißt der deutschen, Sprache einzuwenden sei. Hier wird also der Talmud als oberstes Beurteilungsprinzip eingesetzt.

Auch die *Richtlinien* weisen einen Mangel an autonomen, religiösen und historischen Prinzipien, nach denen die Reform durchzuführen wäre, auf. Der folgende Passus dient nur der Verschleierung der Prinzipienlosigkeit (Richtlinien, 1912, S. 57f.):

„Die geschichtliche Grundlage der jüdischen Religion ist die heilige Schrift sowie die von ihr ausgehende Weiterbildung des Judentums im nachbiblischen Schrifttum, Talmud, rabbinischer und religionsphilosophischer Literatur bis auf die Gegenwart. Die historisch-kritische Würdigung dieser Religionsurkunden ist der Wissenschaft des Judentums als eine ihrer Aufgaben zuzuweisen... Als geschichtliche Religion hat das Judentum seinen ewigen Wahrheiten und sittlichen Grundgeboten Ausdruck gegeben auch in geschichtlich bedingten Glaubensvorstellungen und Erscheinungsformen. Jedes Geschlecht hat den Glauben der Väter in den ihm eigentümlichen religiösen Vorstellungen und Ausdrucksformen sich zu eigen gemacht. Das liberale Judentum steht deshalb auf dem Standpunkt der Anerkennung einer fortschreitenden Entwicklung, kraft deren jede Zeit im Judentum das Recht und die Pflicht hat, bei Wahrung seines wesentlichen Gehalts geschichtlich bedingte Glaubensvorstellungen und Erscheinungsformen aufzugeben, fortzubilden oder neue zu schaffen."

Nach dieser Erklärung folgen die Prinzipien der Auswahl des „wesentlichen" Gehalts (Richtlinien, 1912, S. 58): „Glaubensvorstellungen, welche die Reinheit der jüdischen Gotteslehre trüben, sind aus dem Lehrinhalt der jüdischen Religion auszuscheiden... Angesichts der großen Bedeutung der Erscheinungsformen für das religiöse Leben und die Erhaltung der jüdischen Religion sind in pietätvoller Anlehnung an die Vergangenheit alle diejenigen Einrichtungen und Bräuche zu bewahren und neu zu beleben, die noch heute den einzelnen in lebendige Beziehung zu Gott setzen, ihn immer wieder an seine sittliche Lebensaufgabe erinnern und in sein Alltagsleben Momente der Ruhe und Selbstbesinnung bringen, die das Familienleben heiligen, dem jüdischen Haus seine eigentümliche Weihe und Stimmung geben und der Pietät gegen Lebende und Verstorbene Ausdruck verleihen, die das Band der Glaubensgemeinschaft festigen, die Glaubenstreue stärken und ein edles jüdisches Selbstbewußtsein wachrufen. Vorschriften, die diesen Bedingungen nicht entsprechen, haben keine verpflichtende Kraft."

Der von den Rabbinerversammlungen manchmal gemachte Versuch, durch Unterscheidung der Quellen (Bibel, Tradition, Talmud) ein Auswahlprinzip zu finden, ist in den *Richtlinien* aufgegeben worden. Formulierungen wie „Gesetze, die den einzelnen noch heute in lebendige Beziehung zu Gott setzen" und auch andere zitierte, sind von solcher Unklarheit und Dehnbarkeit, daß sie nur ein Prinzip vortäuschen, in Wirklichkeit aber sind sie kein verwendbares Prinzip der Reform. Die Reform kennt kein bestimmtes Prinzip, ja sie kann gar keines gebrauchen, da die Reform in Wirklichkeit nach einem ganz anderen Prinzip vorgenommen wird, dem keinerlei religiöse oder historische Autonomie innewohnt.

d) Zusammenfassung: Soziologische Aspekte der Reform

Wir haben versucht, die Stellung der Reform zum Gesetz in einzelnen Tendenzen zu verdeutlichen: in der Tendenz, das Gesetz überhaupt für einen unwesentlichen Bestandteil des Judentums zu erklären, es seines nationalen Charakters zu entkleiden, ihm seinen Gegensatz zur herrschenden Gesellschaft und Religion zu nehmen, ihm seine alle bindende Kraft zu nehmen, und in der aus all diesem resultierenden Tendenz, ein autonomes Prinzip der Reform zu vermeiden. Alle diese Tendenzen sind untereinander aufs Engste verknüpft, bedingen sich gegenseitig und bilden in dieser eigenartigen Gemeinsamkeit das Hauptcharakteristikum der Re-„form“: Das das rabbinische Judentum konstituierende Formensystem soll aufgelöst werden. Da man das Judentum als selbständige Größe erhalten wollte, mußte an die Stelle der Gemeinsamkeit des Gesetzes die Gemeinsamkeit des Glaubens treten; es müssen Dogmen formuliert werden, die das Charakteristikum des Judentums bilden sollen. Man individualisiert das im rabbinischen Judentum Gemeinsame, das Gesetz, und macht das Individuelle, die Weltanschauung, allgemein verbindlich.

Freilich bedeutete das neugeschaffene jüdische Dogma keine Einengung. Es entspricht ganz dem aufgeklärten Geist der Zeit. Man hat zwar das völlig der gesellschaftlichen Eigenart des Judentums widersprechende Prinzip der Dogmatik eingeführt (oder von den Karäern wieder aufgenommen), aber man hat diese Dogmatik so allgemein und farblos gehalten, daß man dem Inhalt nach schon fast kaum mehr von „Dogmen“ reden kann, die etwa ein Spezifikum des Judentums bilden könnten.

Die Reform zielte auf die völlige Zerstörung und Auflösung der sozialen Struktur des rabbinischen Judentums. Unter soziologischer Betrachtungsweise interessiert die Frage, warum der Träger der Reformideologie, das kapitalistische Bürgertum, sich nicht (ähnlich den Karäern) gezwungen sah, als besondere

Sekte aus dem Gesamtjudentum auszuscheiden. Die Antwort ist in der anderen Situation der deutschen Juden zu suchen: Die deutschen Juden stellten keine jüdische Masse mehr dar und ihre geschichtliche Dynamik hatte völliger Trägheit Platz gemacht, so daß ihr auch die Grundlage jeder Sektenbildung fehlte. Der Mangel an geschichtlicher Kraft erklärt auch, warum sich das soziale Minimum des deutschen Judentums so sehr verändert, das heißt, verringert hatte; das jüdische Gesetz in seiner Gesamtheit war zwar noch für einen Teil des deutschen Judentums bindend, aber es war im Gegensatz zu früher nicht mehr die Voraussetzung des Judeseins. Die Reform stellt eine besondere Richtung des Judentums dar; soziologisch gesehen ist sie dennoch keine Sekte, sondern steht innerhalb des Judentums.

Nicht nur die mangelnde geschichtliche Dynamik machte die Sektenbildung beim Reformjudentum unmöglich; die neue gemeinsame wirtschaftliche und geistige Verknüpfung mit dem Kapitalismus verband die deutschen Juden und schuf ein neues enges Band um alle. Welches sind die Mindestbindungen, die allen deutschen Juden, die orthodoxen miteingeschlossen, gemeinsam sind?

Die erste und stärkste Kraft, die alle Juden verband, blieb die rassen- und stammesmäßige Bindung, die trotz der Reform nicht verschwand. Selbst Mischehen haben diese Bindung kaum verwischt, da die Kinder aus diesen Ehen meist zum Christentum übertraten beziehungsweise von Anfang an getauft wurden. Auf diese Weise nahm zwar die Zahl der Juden ab, doch der soziale Charakter der Juden wurde dadurch nicht verändert.

Eine zweite Bindung resultiert aus der Tatsache, daß jeder, der nicht ausdrücklich aus der jüdischen Gemeinde ausgetreten war, staatlicherseits als zum Judentum zugehörig angesehen wurde. Eine dritte Bindung ergibt sich aus dem Antisemitismus, der die Juden als Einheit begreift und als Einheit behandelt und so das Gefühl der Einheit der Juden wachhält.

Liegen die vorgenannten Bindungen mehr in der nationalpolitischen Sphäre, so gibt es eine Reihe anderer, die aus der religiös-gesetzlichen Sphäre zurückgeblieben sind. Hierzu zählt die noch allgemein durchgeführte jüdische Eheschließung, die ihrem Wesen nach ein jüdisch-zivilrechtlicher Akt ist.

Die Autonomie der jüdischen Eheschließungen ist zugleich ein Ausdruck für die Tatsache, daß sich das jüdische Familienleben in seiner ganzen Eigenart am stärksten noch von allen anderen Sphären jüdischen Lebens erhalten hatte. Auch die Bestattung der Toten ist noch für das ganze deutsche Judentum in einheitlicher Weise geregelt. Zwar hatten die deutschen orthodoxen Separatgemeinden ihre eigenen Friedhöfe, doch die zeremoniellen Waschungen der Toten und ihre eigentliche Bestattung wurden einheitlich von Vereinigungen ausgeführt, der Juden aus den Hauptgemeinden und aus den Trennungsgemeinden angehörten. Schließlich gibt es noch zwei für das Gesamtjudentum in Deutschland verbindliche Bestimmungen des jüdischen Religionsgesetzes: die Beschneidung sowie die Geschäftsruhe und der Besuch des Gottesdienstes am Versöhnungstag.

Eheschließung, Beschneidung, Bestattung und Innehaltung des Versöhnungstages: diese vier gesetzlichen Bestimmungen sind auch von der Reform – entsprechend ihrem Prinzip, nur das zu fordern, was die Wirklichkeit sanktionierte – mit ganz wenigen Ausnahmen kompromißlos gefordert worden, so daß auch die Reform in ihnen die letzte religiöse Bindung erblickte. Endlich ist die soziale Fürsorge als ein Bereich zu nennen, der dem deutschen Judentum ohne Unterschied des religiösen Standpunktes gemeinsam ist.

Aufs Ganze des deutschen Judentums hin gesehen läßt sich feststellen: die eigentlichen religiösen Bindungen sind geschwunden, die Bindung des Gesetzes ist im wesentlichen weggefallen; soziologisch gesehen ist der Zusammenhalt nur noch ein rein nationaler. So gilt paradoxerweise, daß das deutsche Judentum zwar seiner Ideologie nach eine Glaubensgemeinschaft ist, daß es aber de facto gerade diesen religiösen Charakter abgestreift hat und rein national geworden ist.

5. Die Neoorthodoxie als Reaktion auf die Reform

Wir haben bereits darauf hingewiesen, daß es bei der Reform zu keiner natürlichen Sektenbildung innerhalb des deutschen Judentums mehr kommen konnte. Statt dessen kam es zu einer künstlichen Separation aus den Kreisen der Orthodoxie. Bei der natürlichen Sektenbildung hätten jene Schichten, die den sozialen Grundcharakter des historischen Judentums verleugneten, die Sektierer werden müssen. Hier geschah nun das Umgekehrte. Die Vertreter des jüdischen Gesetzes wollten künstlich erzwingen, was die Geschichte nicht freiwillig vornahm, indem sie sich für die alleinigen Vertreter des Judentums erklärten, alle nicht gesetzestreu Lebenden aber für abgefallen. De facto aber traten sie aus den Gemeinden aus, wurden sie die Sektierer. Der Frankfurter Rabbiner Samson Raphael Hirsch beförderte diese künstliche Sektenbildung, indem er zur Gründung von Separatgemeinden in allen jüdischen Zentren Deutschlands aufforderte.

Die Abspaltungsbewegung wurde nur von einem Teil der Orthodoxen mitvollzogen; der andere Teil sprach sich für die Einheit der Gesamtjudenheit aus und erklärte die Abspaltung für unerlaubte Sektiererei. Der geistige Führer dieser Gruppe war der Würzburger Rabbiner Seligmann Bär Bamberger [1807-1878]. Er vertrat die Auffassung, daß eine künstliche Trennung die Lage der gesetzestreuen Juden nicht verbessern könne. Eine Verbesserung könne nur durch innere Erstarkung kommen. Wo dies geschehe, würden alle dem eigentlichen Charakter des Judentums fremden Schichten von selbst ausgeschieden.

Das Verbleiben eines Teils der Orthodoxie in den Einheitsgemeinden paralysierte die durch die Orthodoxie angestrebte Separation völlig, weil es eben keine Trennung war, die das deutsche Judentum nach prinzipiellen Gesichtspunkten schied. Die von der Orthodoxie angestrebte Separation blieb aber noch aus einem anderen Grunde künstlich: Die deutschen Orthodoxen kamen soziologisch aus jenen Schichten, die erst spät von der Einordnung ergriffen wurden und so Zeit hatten, sich zu sammeln. Sie erkannten zwar theoretisch und praktisch für sich das Gesetz als verbindlich an, geistig-religiös waren sie aber in Wirklichkeit völlig dem Geist des Kapitalismus eingeordnet. Die Orthodoxen heute sind beruflich ebenso gegliedert wie das übrige Judentum, sie unterscheiden sich gesellschaftlich nicht von der übrigen kapitalistischen Gesellschaft, und sie sind auch geistig nicht wirklich unterschieden.

Wie war es möglich, daß die sektiererischen Orthodoxen bei praktischer Innehaltung des Gesetzes dennoch gänzlich dessen metaphysische Grundlagen verließ? Das Gesetz wird heute allgemein in der Fassung des Schulchan Aruch rezipiert. Dieser entstand in der Mitte des 16. Jahrhunderts, in einer unkapitalistischen Zeit also, mit ganz anderen Wirtschaftsverhältnissen. Selbstverständlich fehlten in ihm sämtliche gesetzlichen Bestimmungen, die heute nötig wären, um die wirtschaftlichen Tatsachen dem Geist des Gesetzes unterzuordnen. Ihre Formulierung wäre möglich gewesen, wenn sich das Gesetz auch nach 1812 noch durch die Praxis der Rechtsprechung hätte weiterbilden können. Das Recht auf eine eigene Rechtsprechung aber, das allein die Identität von Leben im Gesetz und Leben in seinem Geiste verbürgt hätte, ließ sich die Orthodoxie nehmen, ja gerne nehmen, weil sie so dem schlimmsten Konflikt mit der deutschen kapitalistischen Kultur, die auch die Orthodoxie bejahte, ausweichen konnte.

Die gegenwärtige Orthodoxie versucht – wie die Reform – etwas zu einen, was seinem Wesen nach unvereinbar ist: die Vereinigung des Geistes des Judentums mit dem Geist des Kapitalismus. Die Orthodoxie vollzieht die Einigung nur auf einer anderen Ebene. Sie nimmt die Unbequemlichkeit des Gesetzes auf sich, fordert aber keine eigene jüdische Rechtsprechung; diese allein hätte aber die Stellung zur Umwelt wieder dem jüdischen Gesetz vollständig unterwerfen können.

Die Orthodoxie nimmt zu allen geistig-politischen Zeitproblemen die gleiche Stellung ein wie die übrige deutsche Judenheit. In diesem Sinne folgt sie durchaus dem Beispiel von Moses Mendelssohn, der seiner gesellschaftlichen Wirkung nach zwar der Vater der Reform ist, seinem geistigen Typus nach aber in vielem der Neoorthodoxie gleicht. Es ist deshalb kein Zufall, wenn Isaak Breuer, ein zeitgenössischer Ideologe der Separat-Orthodoxie, auf den Gesetzesideologen Mendelssohn zurückgreift, ohne diesen zu nennen. Es gibt aber einen bedeutsamen Unterschied zwischen Mendelssohn und der Neoorthodoxie: Mendelssohn fühlte den Konflikt und gab seiner Resignation tiefen Ausdruck; die Neoorthodoxie will den Konflikt durch lautes Auftreten als eigentlicher Vertreter des Judentums (die sie weder kulturell noch gesellschaftlich sind) gewaltsam verdekken.

IV. Der Chassidismus

1. Gesellschaftsstruktur und Religiosität im Chassidismus

a) Die wirtschaftliche Situation der Juden zur Zeit der Entstehung des Chassidismus

Die Bewegung des Chassidismus entstand in der Mitte des 18. Jahrhunderts auf dem Boden der Ukraine vor allem in Wolynien und Podolien. Wie war die wirtschaftliche Situation der Juden dieser Gegenden in jener Zeit?

Die ursprüngliche Situation der Juden wurde von ihrer Funktion bestimmt, die sie als Agenten der polnischen Feudalherren zu erfüllen hatten. Die polnischen Feudalherren hatten nämlich ihre großen Besitzungen in den fernen Gebieten von Wolynien und Podolien an Juden verpachtet, die ihrerseits aus den Bewohnern – hauptsächlich Zaporager Kosaken – die ihnen vom polnischen Adel und der Geistlichkeit auferlegten Summen herauszuwirtschaften hatten. Die weit von ihren Gütern entfernt wohnenden Feudalherren betrachteten die Ukrainer wie russische Leibeigene, eine niedrige, halbbarbarische Rasse, die nicht nur national, sondern auch religiös verschieden war. Die römisch-katholischen polnischen Grundherren übten auf die griechisch-orthodoxen Ukrainer nicht nur wirtschaftlichen, sondern auch religiösen Zwang aus, indem sie die Leibeigenen zwangen, die Oberherrschaft des Papstes anzuerkennen. Die ausführenden Organe dieses Unterdrückungssystems waren die jüdischen Pächter. Bei den in entsetzlich bedrückender Lage lebenden Kosaken waren sie fast noch verhaßter als ihre polnischen Herren, die die eigentlich Schuldigen waren.

Die wirtschaftliche Lage der Juden war zu Beginn des 17. Jahrhunderts noch sehr günstig, sowohl in jenen Südgebieten als auch im übrigen Polen, wo die Juden das den Großgrundbesitzern zustehende Recht der Branntweinherstellung und des Ausschanks gepachtet hatten. Außerdem handelten sie im Dienste der Großgrundbesitzer mit Getreide und fügten sich so als dem polnischen Feudalstaat wirtschaftlich nützliche Glieder ein. Ihrer wirtschaftlichen Funktion entsprach ihre politische Lage: „Vermöge ihrer Massenhaftigkeit, ihrer Bedeutung und ihres einheitlichen Verbandes bildeten die Juden in Polen im eigentlichen Sinne einen Staat im Staate. Die allgemeine Synode, welche zweimal des Jahres in Lublin und Jaroslaw zusammentrat, bildete ein gesetzgebendes und gesetzentscheidendes Parlament, von dem es keine höhere Appellation gab. Anfangs die Synode der Drei-Länder genannt, gestaltete sie sich im ersten Viertel des 17. Jahrhunderts zur Synode der Vier-Länder (Waad Arba Arazot). Ein wählbarer Vorsitzender (Parnes di Arba Arazot) stand an der Spitze und leitete die gemeinsamen Angelegenheiten. Die Gemeindeverbände und Rabbinen hatten die Civilgerichtsbarkeit und gewissermaßen auch die peinliche, wenigstens gegen Angeber und Verräther... Diese (Synode) sorgte auch für Redlichkeit im Handel und Wandel, bei Gewicht und Maaß, soweit es Juden betraf. Daher fühlte sich der Jude in Polen in Sicherheit.“ (H. Graetz, 1882, Band X, S. 55.)

War die wirtschaftliche und politische Lage der Juden damals durchaus günstig, so galt dies nicht für ihre religiöse und geistige Situation. Immer mehr wurde nur der Intellekt und als einziges Seelenvermögen die haarspalterische Urteilskraft ausgebildet. Sämtliche Geisteserzeugnisse tragen diesen Charakter. Zur geistigen Haltung des polnischen Judentums jener Zeit gehörte es, daß allem voreilig Sinn und Wert abgesprochen wurde, was nicht den bevorzugten Seelenvermögen entsprach. Einem Großteil der Rabbinen haftete ein gewisser Hochmut auf die eigene, besonders auf die talmudische Gelehrsamkeit und Rechthaberei an. Auch an der großen Frömmigkeit des polnischen Judentums hatte diese Klügelei und Überhebung ihren gehörigen Anteil.

Auch innerhalb der jüdischen Gesellschaft herrschten schwere Mißstände. Eine jüdische Plutokratie schaltete und waltete in den Gemeindeorganisationen und bürdete den unvermögenden Schichten immer größere und schwerere Lasten auf. Noch bevor ein geistiger Gesundungsprozeß von innen heraus eintreten konnte, kam über die ukrainische Judenheit ein Unglück von so elementarer Gewalt, daß alle wirtschaftlichen, gesellschaftlichen und geistigen Grundlagen vernichtet wurden. In arger Verblendung hatten die ukrainischen Juden sich dazu hergegeben, für die polnischen Adeligen und Jesuiten die Kosaken in der Ukraine und in Kleinrußland zu unterdrücken.

Die Vergeltung ging vom Kosakenhauptmann Zinwii Bogdan Chmielnicki (1595-1657) aus, vor dem ganz Polen für Jahre zitterte. Der ebenso verschlagene wie grausame Kosakenführer war von den Juden persönlich gereizt worden, wodurch sein nationaler Rachedurst gegen die Juden noch gesteigert wurde. Er verbündete sich mit den Tartaren und zwang das polnische Heer am 18. Mai 1648 zur wilden Flucht. „Nach dem Siege ergossen sich die wilden Schaaren über die Städte ... zwischen Kiew und Pultava, plünderten und mordeten besonders die Juden, welche nicht die Flucht ergriffen hatten." (H. Graetz, 1882, Band X, S. 66f.) In der Festung Nemirow wurden fast 6000 Juden niedergemetzelt, in der Festung Nesterow weitere 2000, die den Tod der Taufe vorzogen und unter entsetzlichen Martern ihr Leben ließen. Ähnliche Zahlen und Ereignisse werden auch aus anderen jüdischen Siedlungen in dieser Gegend berichtet.

Nach einer Friedensphase von nur eineinhalb Jahren fielen die Mordbanden der Kosaken erneut über die neuangesiedelten

Gemeinden her und vernichteten nochmals auf grausamste Weise Gut und Blut der Juden. Abermals wurde Friede geschlossen, den die Kosaken erneut brachen, wobei die Juden zu Opfern wurden. Innerhalb von 10 Jahren (1648 bis 1658) wurden etwa 250 000 Juden ermordet, die Übriggebliebenen verarmten und waren erniedrigt; die Gemeinden und damit auch das geistige und kulturelle Leben war zerstört.

Zu der von den Kosaken verursachten Not kam noch eine andere: Der Welthandel hatte sich verändert und die christlichen Kapitalisten machten den Juden selbst dann noch Konkurrenz, wenn es nur um die Anlage geringer Kapitalien ging, die sie hatten retten können.

Zu Beginn des 18. Jahrhunderts waren die ukrainischen Juden wirtschaftlich verarmt; die großen Gemeinden waren zerstört, das geistige Leben durch diese Not vernichtet. Unwissenheit und Dumpfheit war das Los dieser geistig und materiell verarmten und heruntergekommenen Bevölkerung. Die materielle Grundlage, die ein geistiges Leben erst ermöglichte und die Bezahlung von Rabbinern und Lehrern erlaubte, war verloren. Die jüdische Bevölkerung der Ukraine schien wirtschaftlich und geistig dem Untergang geweiht zu sein.

Manche suchten in ihrer Verzweiflung einen Ausweg in den pseudo-messianischen Ideen von Sabbatai Zwi und Jakob Frank. Die Ideen dieser falschen Messiasse versprachen in dieser Situation höchster Not Erlösung, brachten aber nur entsetzliche Enttäuschung und endeten mit dem Übertritt der „Erlöser“ zu anderen Religionen. Beide Bewegungen versuchten, die Bedürfnisse des religiösen Gefühls, die vom Rabbinismus jener Zeit nicht erfüllt worden waren, zu befriedigen, indem sie das Ende aller Not verhießen durch den Beginn der Erlösung mit Zwi oder Frank als Repräsentanten. So groß aber auch die Erregung war, die von diesen beiden falschen Messiassen hervorgerufen wurde, im großen und ganzen wehrte sich doch der gesunde Instinkt des Volkes gegen sie.

Die eigentlich befreiende schöpferische Tat kam aus dem geistig und wirtschaftlich bedeutungslosen und am meisten gedrückten Teil der polnischen Juden in der Ukraine. Hier entstand als religiös-gesellschaftliche Selbstbefreiung aus den Tiefen des nationalen Lebens die religiöse Bewegung des Chassidismus. Offensichtlich wurden diejenigen, die den Untergang am deutlichsten vor Augen hatten und von ihm am nächsten betroffen wurden, zur Aufraffung ihrer letzten Kräfte gezwungen. „In diesen Gebieten geistiger – und vielleicht können wir sogar sagen geistlicher – Finsternis war es, wo der Chassidismus seinen Aufschwung nahm und seine ersten Erfolge errang." (S. Schechter, 1904, S. 31f.)

Der Messianismus eines Sabbatai Zwi und Jakob Frank versprach die Erlösung des Volkes durch den einen Propheten. Hier in der Ukraine schuf die religiöse Sehnsucht des Volkes den Gedanken der Erlösung jedes einzelnen – und damit der Gemeinschaft – durch die Macht und die Kraft des religiösen Gefühls eines jeden einzelnen. Aus denselben Ursachen, der Sehnsucht nach Überwindung der furchtbaren gesellschaftlichen Not, aus der der Pseudo-Messianismus geboren wurde und falsche Wege ging, entstand auch der Chassidismus und wurde zu einer der großartigsten Erscheinungen der jüdischen Geschichte.

Aus den Hintergründen für die Entstehung des Chassidismus erklärt sich seine Eigenart sowie sein Gegensatz zum zeitgenössischen Rabbinismus (Mitnagdismus). War dieser in spitzfindige Geistreicheleien verfallen, so predigte die neue Bewegung den Primat des religiösen Gefühls; herrschte dort eine Geistes- und Geldaristokratie, so wurde hier Gleichheit gefordert und geübt. Auch der Unwissende (*am haarez*) wird durch die Stärke seines Gefühls ein Gleichberechtigter; im Lichte der religiösen Idee schwinden alle durch Geld, Wissen oder Begabung bedingten Unterschiede und Vorrechte.

Das ukrainische Judentum wurde nicht von irgendeiner dritten

Macht „emanzipiert“, sondern emanzipierte sich selbst. Seine gesellschaftliche Selbstbefreiung erfolgte nicht um einer wirtschaftlichen Besserstellung willen, weshalb auch das Judentum sich nicht nach ihm fremden Normen verändern mußte. Hier war die wirtschaftliche Not der Auslöser für eine Bewegung, der es auf die Überwindung dieser Not durch die Kraft religiöser Erkenntnis und eines von dieser Erkenntnis durchdrungenen Gemeinschaftslebens ankam. Es bedurfte keiner Anpassung an Kultur und Gesellschaftskosmos des Geschichtskörpers, in dessen Zivilisationsprozeß man eingebettet war. Wie noch zu zeigen sein wird, fand hier vielmehr eine großartige Erfüllung des schon in der Zersetzung begriffenen Gesellschaftskörpers aus der „Seele“ des eigenen Geschichtskörpers heraus statt.

b) Die gesellschaftliche Situation und die religiöse Ideenwelt des Chassidismus

Welchen inneren Zusammenhang gibt es zwischen der gesellschaftlichen Eigenart des Chassidismus als einer Autoemanzipation einerseits und seiner religiösen Ideenwelt andererseits? Zunächst läßt sich der Gedanke der Demokratie sowohl in geistiger wie in ökonomischer Hinsicht feststellen. Hatte der herrschende Rabbinismus die Bedeutung des Intellekts übersteigert und die Wertung eines Juden von seiner Gelehrsamkeit abhängig gemacht, so verzichtete der Chassidismus auf diesen obersten Wertmaßstab – wenn auch nicht auf die Forderung nach Gelehrsamkeit überhaupt – und setzte statt dessen als obersten Wert das prinzipiell jedem zugängliche religiöse Gefühl und die Intention (Kawwana).

Martin Buber sagt hierzu in seinem Geleitwort zu *Der große Maggid und seine Nachfolge* (1922, S. LII-LIII) treffend: „Wie (der Chassidismus) den Vorrang des Besitzes wohl nicht von außen aufhob, aber von innen entwertete, indem er Reiche und Arme als vor Gott und dem Zaddik gleiche Glieder einer Gemeinsamkeit gegenseitiger äußrer und innrer Hilfe, einer Liebesgemeinschaft zusammenschloß, so überwand er, in seinen höchsten Momenten völlig, den weitaus stärkeren, im Judentum urstarken, Vorrang der Gelehrsamkeit, der talmudischen, aber auch der kabbalistischen... Diese Verbindung von Lehrreinheit und Volkstümlichkeit ist durch den Grundgehalt der chassidischen Lehre, die Heiligung alles Weltlichen, ermöglicht. Es gibt innerhalb der menschlichen Welt keine Scheidung zwischen Hohem und Niedrem; jedem ist das Höchste offen, jedes Leben hat seinen Zugang zur Wesenheit, jede Art hat ihr ewiges Recht, von jedem Ding führt ein Weg zu Gott, und jeder Weg, der zu Gott führt, ist der Weg. Solange die Verbindung von Lehrreinheit und Volkstümlichkeit, von unmittelbarer Übergabe und all-zugänglichem Aufbau dauerte, war der Chassidismus licht und fruchtbar. Ihre Auflösung bedeutete seinen Verfall."

Der radikale gesellschaftliche Demokratismus zeigte sich bei den ersten Führern, den Zaddikim, auch sehr bald als ein wirtschaftlicher Demokratismus. Rabbi Israel Baal-schem tov [auch „Bescht" und – vor seiner Offenbarung – Israel ben Elieser genannt, ca. 1700-1760], der Schöpfer der Bewegung, „gesellte sich mit Vorliebe Ausgestoßenen und Sündern zu, Armen und Ungebildeten beiderlei Geschlechtes, von denen andere Lehrer nichts wissen wollten. Auf diese Weise bahnte er seinen Lehren einen Weg zum Herzen des Volkes, indem er seine Lebensführung und Sprache ihrem Verständnis, ihren Neigungen anpaßte. Als Beispiel hierfür sowohl, wie für seinen Haß gegen alle Eitelkeit und Äußerlichkeit, wird erzählt, wie Baal-schem, als er bei der Ankunft in Brody von der jüdischen Bevölkerung durch einen öffentlichen Empfang geehrt wurde, die Leute nicht nach hergebrachter Sitte mit irgendeiner feinsinnigen Auslegung einer talmudischen Schwierigkeit begrüßte, sondern sich nur mit einigen der weniger bedeutenden Personen aus der Menge im Ortsdialekt über alltägliche Gesprächsthemata unterhielt." (S. Schechter, 1904, S. 52f.)

Denselben Zug findet man auch bei seinen Nachfolgern, den

Zaddikim: „Die ersten Zaddikim haben ein kümmerliches Dasein geführt. Auch sie pflegten ansehnliche Beiträge von ihren Anhängern zu erheben, aber sie gaben fast alles für wohltätige Zwecke aus. Der Baal-schem pflegte sich nicht schlafen zu legen, ehe er das ganze Geld, das er bei sich hatte, an Armen verteilt wußte. Einst konnte er lange keinen Schlaf finden, da stand er auf, suchte und fand einiges Kleingeld in seinen Taschen. Rabbi Nachum aus Tschernobyl, sein Schüler, gab all seine Einkünfte für die ‚Auslösung von Gefangenen‘ und für die Ausstattung armer Bräute her. Selbst aber lebte er in äußerster Dürftigkeit. Die Chronik der Chewrah-Kadischah [Leichenbestattungsverein] in Tschernobyl enthält eine sehr charakteristische Aufzeichnung darüber; Rabbi Nachum wurde als Mitglied aufgenommen, und da er den Betrag von drei Rubeln nicht bar bezahlen konnte, gab er ein Buch ‚Sefer Chassidim‘ als Pfand.“ (S. A. Horodezky, 1920, S. 152.)

Nicht nur der Zaddik bietet uns dieses Bild großer Liebe zum Volk und vor allem zu den Armen, sondern im ganzen Chassidismus herrscht dieser Zug von Brüderlichkeit und gegenseitiger Hilfe. „In ihrer Liebe und Treue zueinander standen die Chassiden keiner anderen Sekte nach. Kein Opfer war ihnen für einen Bruder zu groß. Sie kannten keinen Unterschied zwischen reich und arm, alt und jung, gelehrt und unwissend, waren sie doch alle Eins in der Verehrung eines gemeinsamen Ideals, des Zaddiks...“(S. Schechter, 1904, S. 82f.) „Die Chassidim eines Zaddik stehen in einem solchen Verhältnis zueinander, daß der eine mit Sicherheit auf die Unterstützung des andern rechnen darf. Der Zaddik und die Ältesten der Chassidim sehen darauf, daß der bedürftige Chassid von seinen Brüdern genügend unterstützt werde. Besonders wird auf Krankenpflege und Ausstattung armer Bräute geachtet.“ (S. A. Horodezky, 1920, S. 158.)

Zwar nicht verursacht, aber doch veranlaßt durch die gesellschaftliche Situation der Chassidim ist die für den Chassidismus typische starke Betonung der Freude. Mit ihr unterscheidet sich der Chassidismus wesentlich von der Kabbala, die einen ausgesprochen mystisch-asketischen Zug trug. Die starke Tendenz zur Freude ist als Reaktion des Chassidismus auf das gedrückte, armselige Leben des Volkes zu verstehen und stellt die natürliche Begleiterscheinung der Selbstbefreiung der Chassiden dar. So sehr Asketismus gerade in einer wirtschaftlich gutgestellten Masse Platz greifen kann, so wenig konnte er bei der chassidischen Masse eine Rolle spielen. Für die gequälte chassidische Masse war die Freude notwendig; mit ihr fand sie einen Ausweg aus der Gedrücktheit und Traurigkeit.

Eine besondere Rolle spielte im Chassidismus die Liebe zu Palästina. Anstelle des Einen, der im Augenblick die Erlösung bringt, tritt das Land, das einst, wenn alle durch ihre eigene Kraft zur Erlösung reif sein werden, die Heimat der Erlösten sein wird. Auch die Idee des Führers, des Zaddiks selbst, ist im engsten Zusammenhang mit der gesellschaftlichen Lage des Chassidismus zu sehen. Der Rabbiner wurde aufgrund seiner ihn qualifizierenden Gelehrsamkeit von einem anderen Rabbiner in seiner Funktion autorisiert. Der Zaddik hingegen repräsentierte den Typus des autonomen Führers und entspricht so ganz dem Charakter des Chassidismus als einer autonomen Gemeinschaftsbildung. Er wird aufgrund seiner zwingenden Begabung zum Führer. „Die Menschen, in denen sich das Thora-Sein erfüllt, heißen Zaddikim, ‚die Gerechten', die Rechtmäßigen. Sie tragen die chassidische Lehre, nicht allein als deren Apostel, sondern als deren wirkende Wirklichkeit. Sie sind die Lehre... Der Zaddik ist nicht ein Priester oder Mönch, der ein einst vollzogenes Heilswerk in sich erneut oder seinem Geschlecht übermittelt, sondern der Mensch, der der allmenschlichen, allzeitlichen Heilsaufgabe gesammelter als die anderen zugewandt ist, dessen Kräfte geläutert und gereinigt sich auf das eine Obliegende richten... Die chassidische Gemeinde (darf) als die soziale Darstellung des Prinzips der Freiwilligkeit, der Zaddik als der Vertreter des autonomen Führertums angesehen werden." (M. Buber, 1922, S. XXX, XXXII und XLVIII.)

Der Zaddik ist der Repräsentant der sich selbst befreienden Masse, der Vertreter eines radikalen wirtschaftlichen und geistigen Demokratismus. Er ist das gerade Gegenteil eines falschen Messias. Dieser will durch übermenschliche besondere Begabung der Erlöser des Volkes sein, der – unabhängig von der sittlich-religiösen Reife der Massen – die Erlösung allein durch sein Dasein vollzieht. Der Zaddik ist der Vertreter des Volkes, in dem alle Eigenschaften, die auch der einfache Mann hat, nur in gesteigertem Maße vorhanden sind, und der dem Volk den Weg zeigt, dessen Ende die Befreiung durch die eigene religiöse Kraft besagt.

Schließlich ergibt sich noch eine andere Erscheinung aus der gesellschaftlichen Struktur des Chassidismus, durch die der Chassidismus sich grundsätzlich von der Mystik des Abendlandes wie auch von der Kabbala unterscheidet. Während dort der Mystiker der Einsame ist, der ganz in sich gekehrt und von den anderen zurückgezogen lebt, um für sich das Wagnis der mystischen Schau zu unternehmen und in der unio mystica die Gnade zu erleben, die nur dem einzelnen widerfährt, ist der Chassidismus eine – wenn man dann noch den Namen gebrauchen darf – Mystik der Gemeinschaft. In der Gemeinschaft wird Gott verwirklicht, nicht in der Einsamkeit geschaut. (Diese tiefe Differenz zwischen chassidischer und abendländischer Mystik wird von Buber viel zu wenig gesehen und betont.)

Der innere religiöse Zusammenhang, der zwischen der Idee der Gemeinschaft und der chassidischen Religiosität besteht, wird in der Antwort, die der Chassidismus (gemeinsam mit dem ganzen Judentum und im Gegensatz zur Mystik) auf die Frage nach der Möglichkeit religiöser Erkenntnis gibt, deutlich: Gott erkennen ist Gott in der Welt verwirklichen. Deshalb spielt die Freude als Verwirklichung dieser Art religiöser Erkenntnis eine so große Rolle im Chassidismus.

c) Vom Niedergang des Chassidismus

Mit dem Niedergang des Chassidismus als schöpferische religiöse Bewegung verliert er auch die ihm wesentliche Gesellschaftsstruktur, seinen demokratischen Charakter. Dies drückt sich am stärksten in der Veränderung der Bedeutung des Zaddik aus. War der Zaddik ursprünglich der Mann aus dem Volk, der auch der Mann des Volkes war, dessen Fähigkeit nur eine Steigerung der Begabung darstellte, die jedem Menschen zu eigen ist, so wird die Kluft zwischen Führer und Masse immer größer, und zwar sowohl in geistiger wie in wirtschaftlicher Hinsicht. Der Zaddik wird zum Mittler, und er ist im Besitz ganz besonderer, dem Volke ansonsten unzugänglicher Eigenschaften. Er bewirkt durch sein Gebet Wunder, sei es, daß er bei der Durchführung irgendeines Geschäftes auf wunderbare Weise hilft, sei es, daß er vor dem Tod rettet. Seine Konstitution ist qualitativ prinzipiell verschieden von der des Volkes.

Der Abstand des Zaddik vom Volk drückt sich auch in seiner wirtschaftlichen Situation aus. Er ist nicht mehr der Arme, der alles Geld, das er bei sich trägt, an seine Brüder verteilt, sondern wird ein Mann mit großen Reichtümern, dem aus seiner „Mittlertätigkeit" große Summen zufließen. Die Menschen wandern zu ihm in allen möglichen Angelegenheiten, um seinen Rat einzuholen und geben ihm dafür reichlich. So kommt es, daß sich die Zaddikim trotz persönlicher Anspruchslosigkeit mit einem fürstlichen Hofhalt umgaben, der an Pracht und Reichtum oft kaum dem eines weltlichen Edelmannes nachstand. Der Zaddik von Rushin etwa trug ein goldenes Mützchen und saß auf einem silbernen Stuhl. Er kam sich vor wie der Nachfolger des Exilfürsten in Babylonien, der als geistiger und weltlicher Repräsentant der Diasporajudenheit glaubte, um der Ehre der Tora und des Volkes willen in Schönheit und Pracht leben zu müssen.

Zur Aufhebung des wirtschaftlichen und geistigen Demokratismus kam noch ein weiteres Moment hinzu: Der Baal-schem und die ersten Zaddikim waren nicht wie die Rabbiner Führer aufgrund einer Autorisation, weder von Amts wegen noch von Geburts wegen (wie die Priester); „der Zaddik (kann vielmehr) als der Vertreter des autonomen Führertums angesehen werden" (M. Buber, 1922, S. XLVIII), wie ja die chassidische Gemeinde die soziale Darstellung des Prinzips der Freiwilligkeit war. Nun aber wird der Beruf des Zaddik erblich. Führer wird nicht mehr der jeweils größte Schüler, sondern der Sohn. Es entsteht das Amt des Zaddikum. Freilich versuchte man dieser Entwicklung auch ideologisch gerecht zu werden, indem man argumentierte: da der Zaddik seinen Sohn in völliger seelischer Reinheit gezeugt habe, müsse der Sohn selbst wieder Träger des göttlichen Geistes sein. So entstehen ganze Dynastien von Zaddikim, die sich untereinander teilweise befehden, aber auch heute noch Millionen von Anhängern zählen. Mit dem neuen Typus von Zaddik war aber das ursprüngliche gesellschaftlich-religiöse revolutionäre Prinzip des Chassidismus verlorengegangen, der Chassidismus selbst erstarrt und ertötet.

2. Die traditionalistische Wirtschaftsgesinnung des Chassidismus

Wir haben gezeigt, daß und wie der Chassidismus als gesellschaftliche, religiöse und autonome Befreiungsbewegung eines geistig und wirtschaftlich aufs äußerste niedergedrückten Volkes entstand. Es gilt jetzt nach der Wirtschaftsgesinnung des Chassidismus zu fragen. Hierbei werden wir feststellen, daß beim Chassidismus im Unterschied zum Karäismus und zur Reform die Wirtschaft nicht als gestaltender und formender Faktor auftritt. Vielmehr drängte der Chassidismus die Bedeutung der Wirtschaft stark zurück und ließ wieder ganz die „traditionalistische" Wirtschaftsgesinnung des rabbinischen Judentums zum Durchbruch kommen. Dies belegen die Äußerungen und Lehren über die Bedeutung der Wirtschaft im Chassidismus und auch die ablehnende Haltung zu allen Emanzipationsbestrebungen, die eine wirtschaftliche Besserstellung bedeutet hätten.

a) Die Betonung der Kontemplation

Es wurde bereits darauf hingewiesen, daß der Chassidismus keine asketische Bewegung war, sondern vielmehr vom Prinzip geleitet war, Gott in Freude zu dienen. Von einer Ablehnung wirtschaftlicher Vorteile aus asketischen Gründen kann deshalb nicht die Rede sein. Allerdings gilt für den Chassidismus in besonderem und verstärktem Maße, was wir von der traditionalistischen Wirtschaftsethik des talmudischen Judentums sagten. Für den Chassiden ist alles auf die Erkenntnis Gottes abgestellt, die in Freude, Kawwana („Intention") und Hitlahabut („Inbrunst", „inneres Brennen") geschieht (vgl. M. Buber, 1922a, S. 2 und 20). Diese Erkenntnis wird nicht durch Wissen erworben, sondern durch Sich-Versenken, durch Kontemplation. Die allein den Verstand schärfende Ausschließlichkeit des Lernens muß deshalb zurücktreten hinter Gebet und gesellige Zusammenkünfte.

Bei den Zusammenkünften spielte der Gesang eine außerordentlich große Rolle. Melodien ohne Worte, meistens vom Zaddik selbst erfunden, wurden von diesem angestimmt und viele Stunden von der Gemeinschaft der Chassidim gesungen. Die Melodie erschien ihnen als „Sprache der Seele" und mit religiöser Sehnsucht legten sie in sie allen Schmerz und alle Freude. Die Zusammenkünfte, bei denen übrigens auch etwas gegessen und getrunken wurde, waren der Höhepunkt des chassidischen Gemeinschaftslebens. Und nichts war typischer für die Suprematie der Kontemplation als diese Art des gemeinsamen Gesangs.

Das Eigentümliche des Chassidismus wird in der Gegenüberstellung zum nicht-chassidischen zeitgenössischen Judentum, dem Mitnagdismus, besonders deutlich. Im Mitnagdismus stand die Wertschätzung des Wissens und damit auch des Lernens, des Talmudstudiums, das zum Wissen führt, im Mittelpunkt. Dabei war der Mitnagdismus eine Entartung des talmudischen rabbinischen Judentums, insofern er immer mehr von einem Geist der Hast und Ruhelosigkeit und der Feindschaft gegen alles Kontemplative ergriffen war. Für den Mitnagdismus bestand der Sinn des Lebens im Lernen; je öfter man etwa den Talmud durchgearbeitet hatte, desto mehr war man von seiner Lebensaufgabe erfüllt. Wissen und Lernen wurden Selbstzweck. Um diesem obersten Ziel dienen zu können, arbeitete man ein ganzes System von asketischen Übungen aus, das das Leben der Mitnagdim beherrschte. Die Menschen wurden von wilder Angst ergriffen, sie könnten sterben, ohne genügend gelernt zu haben; Ruhe und Kontemplation erschienen ihnen geradezu als Sünde. So erklärt sich auch die von Heinrich Graetz und anderen beobachtete Unproduktivität des Mitnagdismus.

Die Überbetonung des Lernens zeitigte einen Geist der Spitzfindigkeit und der Geistreichelei, dem es an wirklich Schöpferischem mangelte. Die Grundstimmung im Mitnagdismus war der ähnlich, die Max Weber für die protestantischen Sekten beschrieben und erklärt hat, auch wenn die Ursachen ganz verschieden sind: dort Erfüllung der Heilssehnsucht durch Berufsarbeit, hier Erfüllung der Lebensaufgabe durch Lernen und Wissen. (Vor diesem Hintergrund mag auch die auffallende Erscheinung eine Erklärung finden, warum das deutsche Judentum so leicht für den Geist des Kapitalismus gewonnen werden konnte, war das formale Prinzip der Hast einmal seines Inhalts, des Torastudiums und der Beschäftigung mit geistigen Dingen, entleert.)

b) Die antikapitalistische Tendenz

Daß das Judentum in Polen und Rußland kaum vom kapitalistischen Geist ergriffen wurde, hat verschiedene Gründe: Einmal war die wirtschaftliche Gesamtsituation eine völlig andere, noch nicht reif für eine kapitalistische Einordnung der Juden;

dann aber wehrten sich die Führer des Chassidismus gegen alle bürgerlich-rechtlichen Vorteile, die zu einer solchen Einordnung hätten führen können; schließlich stellte das östliche Judentum in viel stärkerem Maße aufgrund seiner Massensiedlungen eine nationale Potenz dar, in der ein Verschwinden der Jahrtausende alten nationalen Inhalte verhindert wurde. Mit dem Fortschreiten der kapitalistischen Entwicklung in Polen bildete sich aber auch dort allmählich eine kapitalistische jüdische Oberschicht heraus.

Dem rabbinischen Judentum wie dem Chassidismus ist der Geist der Hast und Ruhelosigkeit eigentlich fremd. Darum trat der Chassidismus in dieser Hinsicht als Erneuerer des Geistes des rabbinisch-talmudischen Judentums auf, gestaltete die Urelemente dieses Judentums, wie Kontemplation, Melodie und Gesang, in großartiger Weise neu und vertiefte sie. Dies gilt auch und gerade für Schneur Salman aus Ladi [1745-1812, auch Raw von Ljosna genannt], der die Bedeutung des Talmudstudiums wieder sehr in den Vordergrund rückte und den man wegen seines religiösen Systems oft als den Rationalisten des Chassidismus bezeichnet hat. Er ist ein voller Repräsentant des Chassidismus; er war ein Meister der Melodie, hatte selbst Melodien geschaffen und viel Stunden in der Gesellschaft der Genossen verbracht, um mit ihnen zu singen. Von ihm, der ein Meister des Wortes und der Gedanken war, stammt die Wendung, daß die Melodie die „Sprache der Seele" selbst sei und deshalb nicht der Hilfe des Wortes bedürfe.

Dem Chassidismus fehlen all die kapitalistisch-bürgerlichen Tugenden wie rastloses Streben nach Reichtum und wirtschaftlicher Selbständigkeit. Ein Brief von Rabbi Bär von Ljubawitsch, dem Sohn von Schneur Salman und Begründer der Chabad-Schule, belegt diese Eigenart des Chassidismus auf eindrückliche Weise. Der Brief spricht in Fragen der Wirtschaft eine ganze entschiedene Sprache, obwohl er erst am Ende der Blütezeit des Chassidismus geschrieben ist, also zu einer Zeit, in der einerseits die ursprüngliche Kraft und Eigenart des Chassidismus schon schwächer geworden war, andererseits die wirtschaftliche Gesamtlage ein Eindringen der Juden in die kapitalistische Ordnung viel leichter erlaubt hätte als 100 Jahre früher. Der Brief ist aber auch insofern bedeutsam, als er von einem Führer jenes Zweiges des Chassidismus stammt, der als relativ rationalistisch bezeichnet werden muß und dem (wenn Sombart Recht hätte) die Tendenz zum Handels- und Kaufmannsberuf besonders eigen gewesen sein müßte. Daß das Gegenteil der Fall ist, auch dies belegt der Brief, der hier nach Ch. M. Heilmann (1902, Band II, S. 5f.) in eigener Übersetzung folgt:

„Ich will nachfolgend eine allgemeine Grundlage meiner Ansicht und Ratschläge betreffs der Versorgung unserer Armen und Bedürftigen geben: Da sich die Zahl der Armen in unseren Städten sehr vergrößert hat und sie gezwungen sind, in die Ferne zu wandern und Almosen zu sammeln, so versteht sich von selbst, welche moralischen Folgen daraus entstehen... Dies hat seine Ursache darin, daß sie von Jugend an nicht zur Arbeit und Beschäftigung angelernt worden sind. Nur ein Teil beschäftigt sich mit Ladenhandel bzw. Kleinhandel und ein kleiner Teil sind Handwerker. Wer noch eine kleine Summe Geldes hat, verliert auch dieses und geht zugrunde... Deshalb rate ich vor allem, daß führende Männer darauf achten und Verordnungen erlassen sollen, die die Männer, Frauen, Jungen und Mädchen verpflichten, ein Handwerk zu erlernen im Weben und Spinnen und in allen Arbeiten, die man in Fabriken tut...

Bezüglich des Ackerbaus rate ich, man solle Grundstücke von den Grundbesitzern mit Genehmigung des Staates kaufen oder pachten und man solle sie bearbeiten. Gott wird gewiß seinen Segen dem Boden spenden, jedenfalls wird Brot genug zu essen sein. In den ersten zwei bis drei Jahren soll man nicht-jüdische Arbeiter anstellen, bis die Juden selbst die Arbeit erlernt haben und alleine arbeiten können... Diese Arbeit ist keine niedrige, denn auf unserem Boden in Palästina war unser ganzer Lebensunterhalt durch die Bearbeitung von Feldern und Weinbergen gegeben. Warum sollten wir uns von unseren Ahnen unterscheiden, wenn wir jetzt auf dem Boden anderer Völker leben?... Als ich in den südrussischen Städten war, habe ich selbst die Feldarbeit der jüdischen Kolonisten mit ihren Frauen und Kindern gesehen. Sie arbeiten mit viel Lust und Fleiß, und die Arbeit ist ihnen sehr lieb. Alle Jungen lernen bis zum 13. Lebensjahr in der Schule. Wer dann nicht zum zweiten Studium begabt ist, geht zum Ackerbau über. Sie haben genug Brot und sie sind mit ihrem Los zufrieden. Es herrscht zwischen ihnen kein Unrecht, sie handeln und wandeln in Treue und beschäftigen sich mit der Lehre. Und wenn sie auch nicht so reich sind, sich schöne Kleider und Schmuck zu kaufen, so fehlt es ihnen doch nicht an Nahrung und notwendigen Lebensbedürfnissen... Es hat mir alles sehr gut gefallen, und ich habe schon lange von dort an meine Anhänger geschrieben, sich darum zu bemühen. Nach meiner Ansicht wird Gott das Werk gedeihen lassen und dem Boden Segen spenden, so daß er ihren Bedürfnissen genügt. Das ist der Sinn des Psalmwortes: ‚Was deine Hände erwarben, kannst du genießen; wohl dir, es wird dir gut ergehen.‘ (Psalm 128,2)“

Folgende Aussagen des Briefes seien nochmals hervorgehoben: Zunächst ist festzustellen, daß der größte Teil der Chassidim wirtschaftliche „Luftmenschen“ sind, das heißt keinen festen Beruf haben; nur ein ganz kleiner Teil von ihnen sind Kaufleute und Handwerker. Dann gilt es zu unterstreichen, daß der Verfasser des Briefes ihnen zwei Arten von Berufen empfiehlt, die beide ganz unkapitalistisch sind: der Beruf des Fabrikarbeiters und der des Ackerbauern. Der Beruf des Fabrikarbeiters bedeutet den völligen Verzicht auf wirtschaftliche Selbständigkeit; ihm sind die kapitalistischen Tugenden völlig fremd. Der Empfehlung liegt also die Einsicht zugrunde, daß der Fabrikarbeiter innerlich vergleichsweise viel unberührter von der Wirtschaft ist als der selbständige Händler; sie liegt deshalb auch ganz auf der Linie der oben gezeichneten Grundhaltung des Chassidismus. Das gleiche trifft auf den Ackerbauern zu. Auch hier ist die Tendenz gegen den kapitalistisch-bürgerlichen

Geist deutlich zu spüren. Er rät, nur für die ersten zwei bis drei Jahre fremde Knechte zum Anlernen zu nehmen, dann aber alle Arbeit selbst zu tun. Er will also ausdrücklich nicht, daß die Juden Grundbesitzer werden könnten, die dann von der Arbeit anderer leben würden; er will sie vielmehr zu kleinen Bauern erziehen.

Der Verfasser betont ausdrücklich, daß das Einkommen nur den notwendigen Bedarf decken, aber keinen Luxus erlauben soll. Auch diese Bemerkung drückt die geistige Haltung des ganzen Briefes gut aus. Schließlich sei darauf hingewiesen, daß auch bei der Landarbeit der Primat des Geistigen durchaus gewahrt sein soll. Er lobt die russischen Kolonisten, deren begabte Söhne sich ganz dem Studium widmeten, und daß auch die Bauern selbst lernten und sich mit geistigen Dingen beschäftigten, so daß „Gottesfurcht auf ihren Gesichtern strahlt". Nichts zeigt klarer und deutlicher die ganz antikapitalistische Haltung der Chassidim als dieses Dokument einer der letzten Führer der Bewegung.

Die Chassiden rekrutierten sich aus den ärmsten Klassen und waren an der kapitalistischen Entwicklung bis zum Niedergang des Chassidismus völlig unbeteiligt. Fabriken von Chassidim entstehen erst 1870 in Polen. Dem Großhandel bleiben sie überhaupt fern, was seine guten Gründe hat. Der Chasside, dem das Leben in der Gemeinschaft, der Verkehr mit seinen Genossen oder das häufige Tauchbad zu Lebensnotwendigkeiten geworden sind, wollte keine weiten Reisen unternehmen, die ihn von der heimatlichen Gemeinschaft weit weg geführt hätten. Anders der Mitnagdi: Für ihn war der Handel sehr wohl möglich; er konnte unterwegs genauso studieren wie zuhause, sein Wissen war in der Fremde ebenso angesehen wie in der Heimat. So kam es auch, daß die ersten jüdischen Handelsagenten zu Beginn des 19. Jahrhunderts in Petersburg und Moskau keine Chassidim, sondern Mitnagdim waren.

c) Die Ablehnung bürgerlicher Emanzipationsbestrebungen

Die Einstellung der Chassidim zur Wirtschaft wird dort besonders greifbar, wo es darum ging, sich aus wirtschaftlichen Gründen politisch-rechtliche Vorteile zu verschaffen. Dies wäre auch im Osten nur um den Preis der Aufgabe der nationalen Eigenart möglich gewesen. Genau hier zeigt sich aber auch der ganze Gegensatz zwischen Reform und Chassidismus: Dort einziges Ziel die Gleichberechtigung, dem die Religion ideologisch und praktisch untergeordnet wurde, hier entschiedene und energische Ablehnung aller rechtlichen und wirtschaftlichen Vorteile um der eigenen national-religiösen Eigenart willen.

Die ausdrückliche Stellungnahme gegen das zweideutige Geschenk der Emanzipation erhellt aus zwei Vorgängen: der Ablehnung der Emanzipationsbestrebungen und diesbezüglicher Angebote seitens der polnischen Regierung und der Parteinahme während des russisch-französischen Krieges, wo ein Sieg Frankreichs zwar politische Freiheit, aber national-religiöse Unterdrückung bedeutet hätte. Zum ersten Faktum schreibt S. Dubnow in seiner *Neuesten Geschichte des Jüdischen Volkes* (1920, Band I, S. 276f.):

„Die unterdrückte, darbende Masse wollte natürlich von allen rechtlichen Beschränkungen, die ihnen das Leben vergällten, befreit werden, aber von der ‚bürgerlichen Emanzipation‘ erwarteten sie alle Schrecken: den Zusammensturz der alten religiösen Ordnung, den Untergang der autonomen Gemeinde und Schule, die Ausbreitung des Unglaubens und die erzwungene oder freiwillige Polonisierung... Die Zaddikim (Israel Kosenitzer, Jaakow-Jizchok Lubliner und andere) und die einflußreichen Chassidim entwickelten eine mächtige Agitation im ganzen Lande zur Abwendung des doppelten Unglücks (geseira) – der Gleichberechtigung und der Militärpflicht, die den Untergang der Religion und des Volkstums verhießen. Zum Kriegsminister Josef Poniatowski und den anderen Mitgliedern der Regierung pilgerten chassidische Deputationen, die um Beibehaltung der altpolnischen Judenordnung flehten."

In einem Brief, den Schneur Salman während des Kriegssturmes an den Wilnaer Freund Rabbi Moses Meiselsch schrieb (Ch. M. Heilmann, 1902, Band I, S. 92-94; hier zit. nach S. Dubnow, 1931, Band II, S. 263), nimmt er eindeutig Stellung: „Wird Bonaparte siegen, dann wird sich der Reichtum in Israel vermehren und das Volk erhöhet werden, zugleich aber werden sich die Herzen der Kinder Israels von ihrem Vater im Himmel abwenden und ihm entfremdet werden, siegt hingegen unser Herr Alexander, so wird sich zwar die Not in Israel vergrößern und das Volk erniedrigt werden, doch werden die Herzen der Kinder Israel um so fester an ihren Vater im Himmel gebunden und in ihm vereinigt werden." – Der russische Kriegsheld und Dichter Dawydow berichtet (zit. nach S. Dubnow, 1920, Band I, S. 309): „Der Geist der polnischen Bewohner von Grodno war für uns höchst ungünstig; dagegen waren sämtliche in Polen wohnenden Juden uns dermaßen ergeben, daß sie dem Feinde niemals Spionagedienste leisteten, uns aber sehr oft wichtige Nachrichten über den Feind lieferten." Und der Wilnaer Gouverneur bezeugte (zit. a.a.O.): „Das jüdische Volk zeigte während des Aufenthalts der Feinde in unserem Gebiet eine besondere Treue gegen die russische Regierung."

In der chassidischen Ablehnung der bürgerlichen Emanzipationsbestrebungen zeigt sich am stärksten der Gegensatz zu den westeuropäischen Juden. Hier im Osten endete der Zusammenprall des jüdischen mit einem fremden Geschichtskörper mit dem vollen Sieg des jüdischen, dessen Seele mit großer Gewalt neu hervorbrach und sich den Gesellschaftskörper formte. Eingebettet in einen fremden Zivilisationskosmos finden wir die ursprüngliche jüdische Kultur und die von ihr durchtränkte Gesellschaft vor.

3. Die Bedeutung des Gesetzes im Chassidismus

a) Die neuen religiösen Inhalte und Ideen

Für die nun folgende Strukturanalyse des Chassidismus können wir aus dem bisher Aufgezeigten erwarten, daß wir hier das Gesetz in seiner ganzen Eigenart und unberührt von dem Einfluß der fremden Kultur und Gesellschaft vorfinden.

Im Vergleich zum Karäismus und zur Reform beeindruckt beim Chassidismus die Tatsache, daß hier neue religiöse Ideen und Inhalte geschaffen und schöpferisch geformt worden sind. Hatten wir dort völliges Fehlen neuer religiöser Inhalte festgestellt und bemerkt, daß die religiösen Ideen entweder einfach dem rabbinischen Judentum entlehnt (Karäismus) oder der Kultur der Umwelt angepaßt (Reform) waren, so greift der Chassidismus auf die religiösen Quellen des eigenen Volkes zurück und formt und schafft selbst neue religiöse Ideen, die im Gegensatz stehen sowohl zu den Anschauungen der Umwelt wie des gerade herrschenden Judentums.

Wir haben bereits gezeigt, daß es diese neuen religiösen Ideen waren, die die gesellschaftliche Selbstbefreiung trugen; auch zeigten wir den inhaltlichen Zusammenhang zwischen ihnen und der gesellschaftlichen Eigenart des Chassidismus auf. Im Rahmen dieser soziologischen Untersuchung bedarf es keiner weiterführenden Beschreibung der religiösen Ideenwelt des Chassidismus. Für unsere Zwecke ist nur die Tatsache wichtig, daß neue religiöse Ideen auftraten, nicht aber, welche Ideen es im einzelnen waren. (Hierzu sei auf die ausgezeichnete Darstellung von Martin Buber in seinem Buch *Der große Maggid und seine Nachfolge* (1922) sowie auf seine Einleitung zu *Die Geschichten des Rabbi Nachman* (1906) verwiesen.)

Der Chassidismus hatte neue religiöse Inhalte geschaffen und schon vorhandene schöpferisch neu geformt. Hinsichtlich des Religiösen im engeren Sinne ist er ein eigenartiges, neues Gebilde. Um wenigstens eine Andeutung zu geben: „,Henoch war ein Schuhflicker. Mit jedem Stich seiner Ahle, der Oberleder und Sohle zusammennähte, verband er Gott und seine Schechina.' Dieser wunderliche Beitrag zur Legende des Urvaters... wird in der chassidischen Lehre gern variiert. Denn in seinem erdnahen Bilde spricht er das ihr Wesentliche aus: daß der Mensch auf das Ewige einwirkt, und dies nicht durch besondere Werke, sondern durch die Intention all seines Werks. Es ist die Lehre von der Heiligung des Alltags. Es gilt nicht, ein neues, seiner Materie nach sakrales oder mystisches Tun zu gewinnen, es gilt, das einem Zugewiesene, das Gewohnte und Selbstverständliche in seiner Wahrheit und in seinem Sinn, und das heißt in der Wahrheit und dem Sinn aller Tat zu tun. Auch die Werke sind Schalen; wer sie mit der rechten Weihe vollbringt, umfängt im Kern das Schrankenlose." (M. Buber, 1922, S. XVII f.)

b) Die Stellung des Chassidismus zur Verbindlichkeit des Gesetzes

Karäismus und Reform haben die Verbindlichkeit des Gesetzes aufgehoben. Wie steht der Chassidismus zur objektiv gültigen Bindung des Gesetzes?

Der Chassidismus bejaht und anerkennt das Gesetz ohne Vorbehalte; es ist ihm Grundlage des Judentums und der neu erfaßten Religiosität. In der galizischen Hauptstadt Lemberg fanden 1757 Disputationen zwischen Rabbinern und Frankisten statt, nachdem die Frankisten den Talmud bei der polnischen Regierung denunziert hatten und die Zerstörung aller rabbinischen Bücher forderten. Baal-schem litt unter diesen Erregungen sehr, denn die Abschaffung der mündlichen Gesetze bedeuteten für ihn den Ruin des Judentums. Er nahm an diesen Disputationen teil und sagte (zit. nach S. Schechter, 1904, S. 60): „Um (die Tora) recht zu verstehen, muß man in das innere Wesen eindringen – zu dem unendlichen Lichte, das in ihr offenbart ist. Nicht wie eine Wissenschaft sollen wir das Gesetz studieren, um Wissen zu erwerben (wer es so studiert, hat sich in Wahrheit nur mit seiner Außenseite befaßt), sondern wir sollen daraus wahre Gottesverehrung lernen."

In einem anderen Zusammenhang habe Baal-schem gesagt (S. Schechter, 1904, S. 36f.): „Der Zorn des Himmels sei durch die Rabbinen verschuldet worden, deren einzige Beschäftigung es sei, lügenhafte Voraussetzungen aufzustellen und aus diesen wieder falsche Schlüsse zu ziehen. Nun seien all die wahrhaft weisen Rabbinen der alten Zeit (wie die Tannaim und Amoraim und ihre Nachfolger – die Baal-schem sämtlich als Heilige und Propheten betrachtet) als Ankläger ihrer jetzigen Nachfolger aufgetreten, die den unsprünglichen Sinn ihrer Worte so gründlich verdrehten und mißdeuteten." Diesen seinen Anschauungen entsprechend führt Baal-schem auch ein Leben ganz nach dem Gesetz.

Auch die Schüler und Nachfolger von Baal-schem waren Männer des Gesetzes. Eine ausführliche theoretische Äußerung zum Gesetz findet sich in einem Brief, den Rabbi Mendel aus Witebsk an die Rabbiner von Wilna schrieb, während er in Palästina weilte und in dem er diese ermahnte, jeden Kampf aufzugeben. Er schrieb unter anderem: „Gott und Israel wissen, daß man Unwahrheiten gegen uns ausstreut. Ich stehe jetzt auf heiligem Boden, und so möge Gott mir ein Zeuge sein (ich erhebe in seinem Namen meine Hand zum Schwur!), daß nichts in unserer Absicht und in unserem Glauben enthalten ist, was nur den Anschein eines Widerspruchs zu unserer Thora, der geschriebenen sowohl als der mündlichen, erwecken könnte. Ja, nicht einmal eine Einschränkung irgendeines Gebotes enthält unsere Lehre. Tatsächlich folgen wir schlicht und treu den Satzungen unserer Thora, die uns von unserem Meister Moses gegeben ist, und von unseren Weisen, den Tannaiten, Amoräern und Geonim, den frühern und den spätern, erläutert wurde. Herr, Gott! Blick herab auf die Schande deiner Diener, erleuchte uns mit dem Lichte deines Angesichtes und vereinige unsere

Herzen, dir zu dienen, binde uns untrennbar an deine Gebote, die da unser Leben und die Dauer unserer Tage sind, in die wir uns allezeit vertiefen und für die wir alle Opfer ertragen wollen; denn an ihnen haben wir Gefallen.“ (Zit. nach S. A. Horodezky, 1920, 101f.)

Auch der zweite Teil des Briefes von Rabbi Mendel ist aufschlußreich, weil sich in ihm ein starker Wille zur Einheit der jüdischen Gemeinschaft ausspricht, womit nochmals der Gegensatz zum Karäismus deutlich wird: „Ich bin gottesfürchtig, und so möge Gott mir Zeuge sein, daß wir gewillt sind, nachzugeben und allen zu verzeihen, die uns böse waren oder uns gedemütigt oder uns Böses zugefügt haben; der Allmächtige möge in seiner Güte ihnen verzeihen, denn sie glaubten alle für die Sache Gottes zu handeln. Aber nun höret auf meine Stimme! Von heute an wollet ihr euch nicht mehr an uns vergehen, erbarmet euch über euch und über euere guten Taten, daß ihr nicht in einer Stunde die Welt zerstöret... Meine Herrn, Lehrer und Meister, die mir im Wissen weitaus überlegen, wenn ich mich versündigt haben sollte gegen euere Ehre, ich und die Schar meiner Anhänger, so bitten wir euch demütig um Verzeihung. Gott ist gütig und vergibt dem Sünder, und ihr, die ihr an seiner Lehre hanget, werdet die Antwort: ‚Ich verzeihe‘ nicht verweigern! Und von nun an, meine Brüder, bitte ich euch! Lasset ab von diesem schlechten Kampfe. Sind wir doch ein einziges Volk, Kinder des einzigen Gottes, wozu sollten wir denn einander bekämpfen und befehden? Beschwört, ihr Brüder, keinen bösen Kampf über das Volk Gottes. Sehet, die ganze Erde liegt vor euch, und die Blicke ganz Israels sind auf euch gerichtet, und nur durch den Frieden in euerer Mitte wird allen der Friede beschieden sein.“ (Zit. nach S. A. Horodezky, 1920, S. 102f.)

Endlich seien noch Äußerungen des letzten großen und überragenden Führers der Chassidim, Schneur Salman aus Ladi, angeführt: „Während du dich mit der Halacha beschäftigst, sollst du dein Studium, um des Gebetes willen, nicht unterbrechen... Denn (du findest) in der Halacha die ‚Ausbreitung und die Ausgießung des Lichtes des Willens Gottes und die höchste Weisheit'." (S. A. Horodezky, 1920, S. 140.) Oder: „Denn die Halachot, die die Tannaiten ausgesprochen haben, bilden die wahre Erkenntnis der Gottheit."

Im ersten Band seines Buches *Tania* (im 5. Kapitel) würdigt Schneur Salman die Halacha so: „Jede Halacha ist die Weisheit und der Wille Gottes, denn es ist sein Wille, daß der eine, Reuben, so, und der andere, Schimon, anders spricht, selbst wenn die Aussprüche sich auf Dinge beziehen, welche nie vorhanden waren... Wenn also ein Mensch mit seinem Verstand...(die Halacha) begreift, so hat er ebenfalls den Willen und die Weisheit Gottes begriffen. Denn der Wille und die Weisheit Gottes können nur durch die Offenbarung, wie sie in den Bestimmungen der Halacha geoffenbart sind, erkannt werden." (Vgl. Schneur Zalman, 1975, Band I, S. 41f.)

Bezeichnend und aufschlußreich sind auch Schneur Salmans Anschauungen über das Wesen und die Bedeutung des Gesetzes (Tania, Kapitel 35):

„Auch der vollkommene Gerechte, der sein ganzes Leben Gott weiht, kann nicht vollkommen eins werden mit dem göttlichen Licht, er behält seine gesonderte Existenz. Die Gebote und guten Werke aber stellen den göttlichen Willen an sich dar, der ja der Urgrund aller Welten und geschaffenen Wesen ist... Die Gesetze sind also für die göttliche Seele das Mittel, um in die innigste Verbindung mit Gott zu treten... Die göttliche Seele ist der Docht, aber das Licht der Schechina kann mit dem Docht nur in dauernde Verbindung treten durch das Öl des Gesetzes. Zugleich aber erstrahlt durch sie das Licht der Schechina auch an der animalischen Seele und an dem Körper. Denn die Organe des Körpers vollziehen ja die Gebote, und die göttliche Seele könnte ohne die animalische Seele nicht auf den Körper wirken. So wird im Augenblicke der Vollziehung eines Gebots die dabei tätige Lebenskraft eins mit dem göttlichen Licht der Schechina, und diese erleuchtet damit die animalische Seele und den Körper." (Vgl. Schneur Zalman, 1975, Band I, S. 201-203.)

Auf Wunsch seines Lehrers, des Meseritscher Maggids, der ein Schüler des Baal-schem war, verfaßte Schneur Salman auch einen Schulchan. Er rezipierte dabei das rabbinische Judentum in der letzten Kodifizierung des Gesetzes durch Joseph Caro [1488-1575] unter Beibehaltung der Einteilung und des Inhalts bei etwas geänderter erläuternder Form. Dieser Schulchan zeigt nochmals den Unterschied zwischen Chassidismus und Karäismus. Dort schrieb jeder Lehrer neue Gesetzesbücher, die ausdrücklich vom Gesetz der Rabbiner abweichen sollten; hier schrieb einer ein Gesetzesbuch, das dem Inhalt nach und im wesentlichen auch der Form nach dem geltenden Gesetzbuch der Rabbiner glich und auch gleichen sollte.

Die genannten Äußerungen aus verschiedenen Epochen und Richtungen des Chassidismus könnten um viele vermehrt werden. Immer würde sich zeigen, daß der Chassidismus seine neuen religiösen Inhalte völlig in die Form des Gesetzes hineingoß und dabei dessen objektiv-gültige nationale Bindungen anerkannte und betonte. Nur hinsichtlich bestimmter Gebräuche (Minhagim), die auch beim rabbinischen Judentum nach Zeit und Ort differierten, hatte er seine Besonderheiten. So etwa beim Gebet. Vom Gesetz vorgeschrieben ist das Achtzehngebet und seine zentrale Stellung in der Liturgie. Der Karäismus und die Reform hatten dieses Gebot zugunsten von Psalmen und Gedichten abgeschafft. Der Chassidismus behielt es bei. Die Veränderungen, die er in der Liturgie traf, beziehen sich nur auf Hinzufügungen und Auslassungen von Stücken in der Liturgie, über die auch im rabbinischen Judentum keine gesetzlich vorgeschriebene Einheitlichkeit bestand.

c) Schneur Salman: Der Versuch einer Synthese von Chassidismus und Rabbinismus

Wir haben bereits aufgezeigt, wie bestimmte Ideen des Chassidismus im Zusammenhang mit seiner gesellschaftlichen Situation stehen: die Idee der geistigen und wirtschaftlichen Gleichheit, der Freude, der Liebe zu Palästina, des Zaddik und der Religiosität der Gemeinschaft. Auch die Anerkennung der stärksten gesellschaftlichen Bindung, nämlich des Gesetzes, steht in engem Zusammenhang mit einer grundlegenden religiösen Idee des Chassidismus: mit der Idee der Heiligung jeder Handlung in jedem Augenblick, das Schauen Gottes in den „Schalen", das heißt, in dieser Welt.

Viele chassidische Erzählungen versuchen, die religiöse Idee der Heiligung der Welt anschaulich zu machen: Jemand fährt zum Zaddik, nicht um Worte der Weisheit von ihm zu vernehmen, sondern allein um zu sehen, wie er sich die Schuhe auszieht, denn auch diese ganz werktägliche Handlung ist durch ihn geheiligt. Die religiöse Idee der Heiligung des Handelns liegt im Chassidismus dem Gesetz als solchem zugrunde, ja bildet seine allgemeine religiöse Grundlage.

Auch das rabbinisch-talmudische Judentum geht davon aus, daß „diese Welt" in den Dienst Gottes gestellt werden muß, also geheiligt werden muß. Es sucht dieses Ziel durch seine Normen und Gesetze zu erreichen. Der Chassidismus ist mit seiner religiösen Idee vom Schauen Gottes in jedem Augenblick mit diesem Gesetz zutiefst verbunden. Das Gesetz war die denkbar stärkste Resonanz seiner Idee, und es war ihm adäquater Ausdruck seiner eigenen religiösen Gefühle.

Der Chassidismus versuchte, wieder in die Geheimnisse des Gesetzes einzudringen, seinen Urzusammenhang mit dem Religiösen zu erfassen. Religiös-mystische Ausdeutungen der Halacha, selbst scheinbar so „diesseitige" wie die über das Schlachten des Viehs, geben Zeugnis davon.

Die völlige Beibehaltung des Gesetzes im Chassidismus entspringt nicht einem Zwang oder einer Trägheit, sondern der Tatsache, daß der Chassidismus an die oft tief und verborgen fließenden religiösen Quellen des Volkes anknüpfte, sich keinerlei Gesetze von außen aufdrängen ließ und so den tiefsten Zusammenhang mit dem Judentum bewahrte. Gerade hier wird die Gebundenheit beziehungsweise Freiheit der Sphären religiösen Fühlens und gesellschaftlichen Handelns im Judentum deutlich.

Kollektiv und gebunden ist das Gesetz, insofern es gemeinsames gesellschaftliches Handeln ist. Damit ist eine bestimmte Grundhaltung zur Welt und ihrem Sinn gegeben. Beides hat der Chassidismus mit dem rabbinischen Judentum gemeinsam. Individuell ist der gedanklich-philosophische oder rein gefühlsmäßig-mystische Ausdruck dieser Grundhaltung. Doch diese Grundhaltung kann viele Ausdrucksformen aus sich entlassen, die unter sich verschieden und nur durch ihren Ursprung geeint sind.

Man muß fragen, warum es zwischen dem Chassidismus und seinen Gegnern zu einem so erbitterten Kampf kommen konnte, ein Kampf, der mit Bann und Anrufungen der Staatsgewalt einherging, wenn in Wirklichkeit der Chassidismus ganz ein Ausdruck des jüdischen Geschichtskörpers ist. Die Ideen des Chassidismus standen ja nicht im Gegensatz zum rabbinischen Judentum, denn die Kabbala, aus deren Quellen er schöpfte, zählte zu ihren bedeutendsten Meistern. Selbst große Führer des Rabbinismus (Joseph Caro, der Verfasser des Schulchan Aruch, war ein bedeutender Kabbalist) und selbst der größte Gegner des Chassidismus, der Gaon von Wilna, war ein Kabbalist. Auch konnte der Gegensatz nicht darin begründet liegen, daß der Chassidismus das Gesetz negiert oder vernachlässigt hätte.

Abgesehen von der Tatsache, daß der Mitnagdismus selbst in manchen Fragen im Widerspruch zum talmudisch-rabbinischen Judentum stand, erklärt sich die starke Gegnerschaft gegen den Chassidismus vor allem aus der historischen Situation. Vor der Entstehung des Chassidismus war der Körper des Volkes von schweren Gefahren bedroht worden, von der mystisch-messianischen Bewegung des Sabbatai Zwi und des Jakob Frank. Beide trugen einen ausgesprochen mystischen Charakter, erklärten die messianische Zeit für gekommen und das Gesetz für abgeschafft. Beide Bewegungen hatten große Massen des Volkes ergriffen und bedeuteten eine ernste Gefahr, zumal ihre Führer zu anderen Religionen übertraten und diese Tatsache von ihren Anhängern auch noch mystisch ausgedeutet und gerechtfertigt wurde. Männer wie der Wilnaer Gaon standen noch ganz unter dem Eindruck der Gefahren, die diese Irrlehren heraufbeschworen hatten, und sie fürchteten, daß der Chassidismus, der in seinem Anfangsstadium eine mystische Bewegung gerade des unwissenden Volkes war, mit einem Führer, der selbst kein Gelehrter war, eine Wiederholung dieser unheilvollen geschichtlichen Vorgänge bedeuten könnte. Unter dem frischen Eindruck jener Ereignisse wandte sich ein großer Teil der gelehrten rabbinischen Schichten gegen die neue Bewegung, die man als ketzerisch ansah.

Soziologisch bedeutsam ist folgendes: Obwohl der Chassidismus gerade in seiner Entstehungszeit auf starken Widerstand bei den Rabbinern stößt und obwohl dessen Gründer seinem ganzen Wesen nach im Gegensatz zum rabbinischen Typus steht, tut sich am Ausgang seiner Blütezeit eine Persönlichkeit als Führer hervor, die in seiner Art und in seinen Anschauungen eine Synthese der Ideen und des Wesens des Chassidismus und des Rabbinismus versucht: Schneur Salman aus Ladi.

Wie sein Lehrer, der Große Maggid [Dow Bär von Meseritsch], war auch Schneur Salman selbst ein großer Gelehrter und ganz dem Chassidismus zugewandt. Im Unterschied zu seinen Vorgängern rückte Schneur Salman wieder die Bedeutung des Studiums und des Gesetzes in den Vordergrund. In seinem Buch *Tania* unternahm er eine Systematisierung der Ideenwelt des

Chassidismus. Mit der letzten großen Führerpersönlichkeit, die der Chassidismus hervorbrachte, kam es zu einer Synthese von Chassidismus und Rabbinismus – ein Vorgang, der wiederum ganz im Gegensatz zur Entwicklung steht, die der Karäismus genommen hatte, denn dort gab es zwar anfangs noch eine geistige Verwandtschaft zwischen Karäismus und Rabbinismus, mit der Zeit aber wurde die Kluft zwischen ihnen immer größer.

Es soll hier nicht versucht werden, die Gründe für den Niedergang des Chassidismus ausfindig zu machen. Es ist überhaupt fraglich, ob Ursachen für das Schwinden seelischer Intensitäten in einem Volke angegeben werden können. Heute [1922] ist die Bewegung, die als Befreiungsbewegung der Massen gegen ihre eigene Dumpfheit entstand und die mit einem autonomen Führertum das Prinzip völliger Demokratie herstellen wollte, die Angelegenheit einer erstarrten, rückständigen, dumpfen Masse, deren Führer [Zaddikim] alles andere, nur keine persönlichen Qualifikationen eines religiösen Genies aufzuweisen haben.

Salomon Schechter vertritt in seinem lesenswerten und instruktiven Buch *Die Chassidim* (1904) die Auffassung, daß das System der Zaddikim nur deshalb nicht zu noch verderblicheren Folgen geführt hat, weil die Chassidim im allgemeinen dem Gesetz treu blieben. Gerade das Gesetz, dessen übertriebenes Studium der ursprüngliche Chassidismus bekämpfte, hat die Zügellosigkeit seiner modernen falschen Propheten in Schranken gewiesen.

Mit Entschiedenheit müssen wir aber eine Ansicht Martin Bubers zurückweisen. Dieser schreibt (1922, S. XXVIII): „Von hier aus wird verständlich, daß der Chassidismus keinen Anreiz hatte, irgendein Stück aus der Fügung des überlieferten Gesetzes zu brechen, da es der chassidischen Lehre nach keins geben konnte, das nicht mit Intention zu erfüllen oder in seiner Intention zu entdecken war. Aber es wird auch verständlich, wie eben hierdurch die beharrende Kraft der bewegenden und erneuernden insgeheim überlegen blieb und schließlich innerhalb des Chassidismus selbst ihr obsiegen mußte.“ Das Gegenteil ist richtig. Nicht die Bindungen des Gesetzes tragen Schuld am Niedergang des Chassidismus, sondern gerade im Erlöschen der Kraft des Chassidismus werden auch die Bande des Gesetzes gelockert, so daß mit dem Beginn seiner Auflösung auch die, wenn auch nur geringe Subjektivierung der Gesetze beginnt.

V. Zusammenfassung

Fassen wir kurz das Ergebnis der vorliegenden Untersuchung zusammen. Das Judentum der Diaspora hat sich uns als Korrelation zwischen Gesellschaftskörper und der ihm aufgegebenen Idee erwiesen. Das Vorhandensein dieser Korrelation gewährleistet das Gesetz. Die Korrelation ermöglicht das Fehlen von Staat und Kirche.

Die religiöse Idee ist die Grundlage des Gesetzes. Sie läßt sich fassen als „tätige Weltheiligung". Das Gesetz ist der Ausdruck der Formung und Durchtränkung des Gesellschaftskörpers mit der religiösen Idee. Deshalb formt es unmittelbar Leben, nicht aber Glauben.

Das Schicksal des sich wandelnden Geschichtskörpers drückt sich im Schicksal des Gesetzes aus. Sowohl beim Karäismus wie bei der Reform kam es zu einer Verschiebung der Stellung des Gesetzes, die von einer Oberschicht aus wirtschaftlichen Gründen forciert wurde. Bleibt beim Karäismus die Autonomie der Kultur im wesentlichen erhalten, kommt es bei der Reform zu einem Sieg des Geistes des Kapitalismus über den Geist des Judentums. In beiden Fällen kommt es zu einer Individualisierung des Gesetzes und zu einer Dogmatisierung des Glaubens.

Bei den Karäern bleibt wenigstens der Ideologie nach das biblische Gesetz verbindlich, der Praxis nach stellt freilich jeder Führer sein eigenes Gesetz auf. In der Reform wird das Prinzip des Gesetzes überhaupt preisgegeben und jedem einzelnen völlige Freiheit gelassen. Die Dogmatik des Karäismus wächst vor allem aus den herrschenden Ideen des zeitgenössischen Judentums hervor, die Dogmatik der Reform übernimmt einfach die

Ideen der fremden Kultur und vertritt sie als jüdische Dogmatik.

Beiden gemeinsam ist der Gegensatz zum Chassidismus in entscheidenden Fragen. Die chassidische Bewegung geht nicht von einer Oberschicht aus, sondern von einer äußerst bedrückten Unterschicht. Der Chassidismus will keine Veränderung der Religion um der Wirtschaft willen, sondern Überwindung der wirtschaftlichen Not durch die Kraft des Religiösen. Er ist eine religiös-gesellschaftliche Autoemanzipation, doch strebt er keine politisch-rechtliche Emanzipation durch eine dritte Macht an.

Karäismus und Reform sind bar neuer religiöser Ideen; sie dogmatisieren die Sphäre des Religiösen. Anders der Chassidismus: Er fügt sein religiöses Eigenleben in die soziologische Struktur des Judentums ein, vermeidet das Dogma und behält die objektive Gültigkeit des Gesetzes bei. Die Reform ist der unschöpferische ideologische Ausweg, der an die Stelle der Massentaufe tritt. Der Chassidismus bringt eine schöpferische religiöse Lösung und überwindet den Pseudomessianismus.

Literatur

Buber, M., 1906: *Die Geschichten des Rabbi Nachman*, Frankfurt 1906 (Literarische Anstalt Rütten und Loening).

Buber, M., 1916: *Vom Geist des Judentums. Reden und Geleitworte*, Leipzig 1916 (Kurt Wolff Verlag).

Buber, M., 1922: *Der große Maggid und seine Nachfolge*, Frankfurt am Main 1922 (Literarische Anstalt Rütten und Loening).

Buber, M., 1922a: *Die Legende des Baalschem*, Frankfurt 1922 (Literarische Anstalt Rütten und Loening).

Caro, G., 1908: *Sozial- und Wirtschaftsgeschichte der Juden im Mittelalter und der Neuzeit*, Band 1: Das frühe und das hohe Mittelalter, Leipzig 1908 (Buchhandlung Gustav Fock).

Cohen, H., 1920: *Religion der Vernunft aus den Quellen des Judentums*, Leipzig 1920.

Depping, G. B., 1834: *Die Juden im Mittelalter*, Stuttgart 1834 (E. Schweizerbart's Verlagshandlung).

Dohm, Ch. W., 1781: *Über die bürgerliche Verbesserung der Juden*, Berlin 1781.

Dubnow, S., 1920: *Die neueste Geschichte des jüdischen Volkes*, Band I: *Das Zeitalter der ersten Emanzipation*, Berlin 1920 (Jüdischer Verlag).

Dubnow, S., 1929: *Die neueste Geschichte des jüdischen Volkes*, Band II: *Das Zeitalter der ersten Reaktion. Das Zeitalter der zweiten Emanzipation*, Berlin 1929 (Jüdischer Verlag).

Dubnow, S., 1931: *Geschichte des Chassidismus in zwei Bänden*, aus dem Hebräischen übersetzt von A. Steinberg, Berlin 1931 (Jüdischer Verlag).

Freund, I., 1912: *Die Emanzipation der Juden in Preußen unter besonderer Berücksichtigung des Gesetzes vom 11. März 1812.* Ein Beitrag zur Rechtsgeschichte der Juden in Preußen, Band I: Darstellung; Band II: Urkunden, Berlin 1912 (Verlag M. Poppelauer).

Friedländer, M. H., 1890: *Die Arbeit nach der Bibel, dem Talmud und den Aussprüchen der Weisen in Israel*, Piseck 1890 (Brünn, Epstein und Comp.).

Fürst, J, 1862: *Geschichte des Karäerthums bis 900 der gewöhnlichen Zeitrechnung* (=Band I), Leipzig 1862 (Nies'sche Buchdruckerei).

Fürst, J, 1865: *Geschichte des Karäerthums von 900 bis 1575 der gewöhnlichen Zeitrechnung* (=Band II), Leipzig 1865 (Oskar Leiner).

Funk, S., 1902: *Die Juden in Babylonien 200-500. Teil 1*, Berlin 1902 (Verlag M. Poppelauer).

Funk, S., 1908: *Die Juden in Babylonien 200-500. Teil* 2, Berlin 1908 (Verlag M. Poppelauer).

Graetz, H., 1870: *Geschichte der Juden vom Beginn der Mendelssohn'schen Zeit bis in die neueste Zeit (1848)* (= Geschichte der Juden von den ältesten Zeiten bis auf die Gegenwart, Band 11), Leipzig 1870 (Oskar Leiner).

Graetz, H., 1871: *Geschichte der Juden vom Abschluß des Talmud (500) bis zum Aufblühen der jüdisch-spanischen Cultur (1027)*, (= Geschichte der Juden von den ältesten Zeiten bis auf die Gegenwart, Band V), zweite Auflage, Leipzig 1871 (Oskar Leiner).

Graetz, H., 1882: *Geschichte der Juden von der dauernden Ansiedlung der Marranen in Holland (1618) bis zum Beginne der Mendelssohn'schen Zeit (1750)*, (= Geschichte der Juden von den ältesten Zeiten bis auf die Gegenwart, Band X), zweite Auflage, Leipzig 1882 (Oskar Leiner).

Harkavy, A., 1901: „Anan ben David. Founder of the Karaite Sect", in: *The Jewish Encyclopedia*, Vol. I, S. 553-556, New York und London 1901 (Funk and Wagnalls Co.).

Heiler, F., 1920: *Das Gebet*, München 1920.

Heilmann, Ch. M., 1902: *Beth Rabbi* (= Das Haus des Rabbi, hebräisch), Band II, Berditschew 1902.

Herzfeld, L., 1879: *Handelsgeschichte der Juden im Altertum*, Braunschweig 1879.

Heyd, W., 1879: *Geschichte des Levantehandels im Mittelalter*, 2 Bände, Stuttgart 1879 (J. G. Cotta'sche Buchhandlung).

Horodezky, S. A., 1920: *Religiöse Strömungen im Judentum. Mit besonderer Berücksichtigung des Chassidismus*, Berlin und Leipzig 1920 (Ernst Bircher Verlag).

Jaulus, H., 1876: Zur Gemeindeverfassung der Karäer in Konstantinopel, in: *Monatsschrift für Geschichte und Wissenschaft des Judentums*, Breslau, Band 25 (1876), S. 73-77.

Jellinek, A., 1882: *Der jüdische Stamm in nicht-jüdischen Sprichwörtern, Serie* 2, Wien 1882 (Bermann und Altmann).

Jost, J. M., 1858: *Geschichte des Judenthums und seiner Sekten*, zweite Abteilung, 4. und 5. Buch (= Band II), Leipzig 1858 (Dörffling und Franke Verlag).

Krasnosselsky, L., 1912: *Zur Geschichte der Karäer im russischen Reiche*, Dissertation, Bern 1912 (H. Spahn).

Krauß, S., 1911: *Talmudische Archäologie, Band* 2, Leipzig 1911 (Buchhandlung Gustav Fock).

Krauß, S., 1914: *Studien zur byzantinisch-jüdischen Geschichte*, Leipzig 1914 (Buchhandlung Gustav Fock).

Mendelssohn, M., 1919: *Jerusalem oder über religiöse Macht und Judentum*, Berlin 1919 (Welt-Verlag).

Montefiore, M., 1906: *Liberales Judentum*, Leipzig 1906 (C.E.M. Pfeffer Verlag).

Neubauer, A., 1866: *Beiträge und Dokumente aus der Geschichte des Karäertums und der karäischen Literatur* (Aus der Petersburger Bibliothek), Leipzig 1866 (Oskar Leiner).

Philippsohn, M., 1907: *Neueste Geschichte des jüdischen Volkes*, Leipzig 1907 (Buchhandlung Gustav Fock).

Protokolle, 1845: *Protokolle und Aktenstücke der zweiten Rabbiner-Versammlung*, abgehalten zu Frankfurt am Main vom 15. bis 28. Juli 1845, Frankfurt (Verlag der E. Ullmann'schen Buch-, Zunft- und Antiquariats-Handlung).

Protokolle, 1846: *Protokolle der dritten Versammlung deutscher Rabbiner*, abgehalten zu Breslau vom 13. bis 24. Juli 1846, Breslau 1847.

Richtlinien, 1912: *Richtlinien zu einem Programm für das liberale Judentum nebst den Referaten und Ansprachen auf den*

Rabbinerversammlungen zu Berlin und Frankfurt am Main und auf der Delegiertenversammlung der Vereinigung für das liberale Judentum zu Posen, 1912.

Schechter, S., 1904: *Die Chassidim. Eine Studie über jüdische Mystik*. Aus dem Englischen übersetzt von Olga Tausig-Leipzig, Berlin 1904 (Jüdischer Verlag).

Schechter, S., 1889: „The Dogma of Judaism", in: *The Jewish Quarterly Review*, Philadelphia, Vol. 1 (1889), S. 48-61 und 115-127.

Schipper, I., 1907: *Anfänge des Kapitalismus bei den abendländischen Juden im Früheren Mittelalter*, Wien und Leipzig 1907 (Wilhelm Braumüller).

Schneur Zalman, 1975: *Likutei Amarim (Tanya)*, translated from the Hebrew by Nissan Mindel, Vol. I, New York 1975 („Kehot" Publication Society).

Schubert, H. von, 1919: *Grundzüge der Kirchengeschichte*, VI. Auflage, Tübingen 1919 (Verlag von J.C.B. Mohr – Paul Siebeck).

Seligmann, C., 1913: *Eine Abrechnung*, Frankfurt 1913.

Sombart, W., 1903: *Die deutsche Volkswirtschaft im 19. Jahrhundert*, Berlin 1903.

Sombart, W., 1911: *Die Juden und das Wirtschaftsleben*, Leipzig 1911 (Verlag von Duncker und Humblot).

Strack, H. L., 1908: *Einleitung in den Talmud* (= Schriften des Institutum Judaicum in Berlin Nr. 2), 4. Auflage, Leipzig 1908 (J. C. Hinrichs'sche Buchhandlung).

Weber, A., 1921: Prinzipielles zur Kultursoziologie, in: *Archiv für Sozialwissenschaft und Sozialpolitik*, Tübingen, 1921; hier zit. nach A. Weber, *Prinzipien der Geschichts- und Kultursoziologie* (Abschnitt „Gesellschaftsprozeß, Zivilisationsprozeß und Kulturbewegung"), München 1951 (R. Piper und Co. Verlag), S. 44-92.

Weber, M., 1920/1921: *Gesammelte Aufsätze zur Religionssoziologie, Band I und III*, Tübingen 1920 und 1921.

Wellhausen, J, 1895: *Israelitische und jüdische Geschichte*, Berlin 1895 (Druck und Verlag von Georg Reimer).

Wünsche, A., 1880: *Der Midrasch Kohelet* (= Bibliotheca Rabbinica. Eine Sammlung alter Midraschim, erste Lieferung: Der Midrasch Kohelet), Leipzig 1880 (Otto Schulze).

Zunz, L., 1843: Thefillin. Ein Betrachtung, in: *Jahrbuch für Israeliten*, 2 (1843-1844), S. 133ff.; hier zit. aus: L. Zunz, *Gesammelte Schriften, Band 2*, Berlin 1876 (Louis Gerscher Verlagsbuchhandlung), S. 172-176.

Glossar

Aschkenasisch:	hebräische Bezeichnung für das Judentum Mittel- und Osteuropas, seines Brauchtums und seiner Aussprachetradition im Unterschied zum *sephardischen* Judentum.
Chanukka:	Tempelweihefest, institutionalisiert nach dem Sieg über die Syrer (165 v. Chr.) zum Gedenken an die Reinigung und Einweihung des Tempels und der Aufrichtung des neuen Brandopferaltars.
Dekalog:	wörtlich „10 Worte", die „10 Gebote", wie sie in Exodus 20,1-17 und Deuteronomium 5,6-21 stehen.
Diaspora:	die in der „Zerstreuung" lebenden Juden; die Existenz außerhalb des Landes Palästina bzw. Israel.
Gaon:	Titel der Oberhäupter hoher rabbinischer Schulen in Babylonien und Palästina im frühen und hohen Mittelalter.
Gesellschafts-prozeß:	s. unten „Zur Terminologie Alfred Webers".
Geschichts-prozeß:	das Ineinander von *Gesellschaftsprozeß*, *Zivilisationsprozeß* und *Kulturbewegung*; s. unten „Zur Terminologie Alfred Webers".

Haggada: bezeichnet alle jene Teile des jüdischen Überlieferungsstoffes, deren Gegenstand nicht das Religionsgesetz (die *Halacha*) ist. Die haggadische Bibelerklärung, die nach bestimmten Auslegungsregeln verfährt, wurde vor allem in der rabbinischen Zeit (1. bis 5. Jahrhundert nach Chr.) und dann wieder im Chassidismus gepflegt.

Halacha: heißt wörtlich „die zu gehende Wegrichtung" und bezeichnet im weitesten Sinne das mündlich tradierte Religionsgesetz, im engeren Sinne die einzelne Vorschrift. Die halachische Überlieferung wurde im Laufe der Zeit mit der Schrift selbst verbunden und nach bestimmten Regeln aus ihr deduziert. Schriftliche Halachot-Sammlungen gibt es seit dem 2. Jahrhundert n. Chr. auch in der *Mischna*. Heute versteht man ganz allgemein unter Halacha das verbindliche jüdische Religionsgesetz.

Jom Kippur: Versöhnungstag.

Kabbala: bezeichnete ursprünglich die gesamte außerpentateuchische Lehre. Im 12. und 13. Jahrhundert entwickelte sich die Kabbala als mystisch-theologische Gegenbewegung zu dem von der mittelalterlichen Aristoteles-Rezeption vorherrschenden Rationalismus (besonders des Moses Maimonides, 1135-1204). Das Hauptwerk der Kabbala ist der *Sohar*, der auch den Chassidismus beeinflußte.

Kulturbewegung: s. unten „Zur Terminologie Alfred Webers".

Midrasch: Die Midraschim sind schriftliche Fixierungen von Predigten und Ansprachen, die einer bestimmten Methode der Schriftauslegung folgen, wie sie in Synagogen und Lehrhäusern zwischen dem 1. und 6. nachchristlichen Jahrhundert praktiziert wurde. Midrasch bezeichnet auch die literarische Gattung des Kommentars (zum Beispiel die fortlaufenden Kommentare zum Pentateuch) sowie homiletische und traktatartige Schriften.

Mischna: Die mündlichen Auslegungen des *Pentateuch*, der *Tora*, wurden in den ersten beiden nachchristlichen Jahrhunderten von den tannaitischen Schriftgelehrten gesammelt und schließlich in der *Mischna* schriftlich fixiert. Die in sechs Ordnungen gegliederte Sammlung handelt in insgesamt 63 Traktaten von der Landwirtschaft, den Festzeiten und dem Sabbat, über Ehe und Ehescheidung, Zivil- und Strafrecht, über das Opfer und den Tempelkult sowie über kultische Reinheit und Unreinheit.

Mizwa, mizwot: Gebot, Gebote.

Pentateuch: die sogenannten „Fünf Bücher Mose“, also Genesis, Exodus, Leviticus, Numeri und Deuteronomium, werden in der jüdischen Tradition als Einheit gesehen und bilden das „Gesetz“, hebräisch: *Tora*.

Pesach: oder Passah (Pascha): Fest der ungesäuerten Brote (nach Ex 13,7f.) in Erinnerung an den Auszug (Exodus) aus Ägypten.

Rabbi: (Rab oder Rav) früher palästinensischer Gelehrtentitel, heute allgemein Rabbiner-Titel (wörtlich: „mein Lehrer, Meister“).

Rabbinen: Gesetzesgelehrte in der pharisäisch-talmudischen Tradition.

Rabbiner: Gesetzeslehrer und geistlicher Führer einer jüdischen Gemeinde.

Rabbinismus: Pharisäisch-talmudische Lehrtradition, für die der Talmud zentrale Bedeutung hat.

Seder: wörtlich „Ordnung“, sowohl liturgische Ordnung (beim *Pesach*) wie auch Gliederung des Talmud.

Sephardisch: die Juden spanisch-orientalischer Herkunft und ihre Tradition im Unterschied zu den *aschkenasischen* Juden.

Synhedrion: nach der Zerstörung des zweiten Tempels (70 n. Chr.) oberste jüdische Instanz für die Juden in Palästina und im Römischen Reich.

Talmud: bezeichnet gewöhnlich die von den Tannaiten schriftlich fixierten mündlichen Überlieferungen zum Alten Testament, die *Mischna* genannt werden, sowie die Sammlung der dann durch die Amoräer einsetzenden Auslegung der Mischna, die *Gemara* genannt wird. Neben dem älteren Palästinensischen oder Jerusalemer Talmud gibt es den um ca. 500 n. Chr. abgeschlossenen wichtigeren Babylonischen Talmud. Der Talmud gliedert sich in thematischen Traktaten, die ihrerseits insgesamt 6 Ordnungen (*Sedarim*) zugeordnet sind.

Tora:	ist das Gesetz der Juden, die durch Moses vermittelten Weisungen Jahwes sowie die Weisungen der Propheten und der Priester, wie sie im *Pentateuch* ihren Niederschlag gefunden haben. Mit „Tora“ wird aber auch der Gesamtkomplex der religiösen Überlieferung des Judentums bezeichnet.
Zaddik:	wörtlich „Gerechter“; religiöser Führer im Chassidismus.
Zivilisationsprozeß:	s. unten „Zur Terminologie Alfred Webers“.
Zur Terminologie Alfred Webers:	Alfred Webers Ausgangspunkt ist die Unterscheidung von Geist und Körper, aus der sich soziologisch ein Zwei-Sphären-Modell von Gesellschaft ergibt: eine kulturelle Sphäre, die Sinnstrukturen hervorbringt (bei Weber *Kulturbewegung*) und die empirischen („körperhaften“) Zustände der Gesellschaft (der *Gesellschaftsprozeß*). Dem fügt Weber eine weitere geistige Sphäre hinzu – er spricht von einer „Zweiheit“ des Geistes –, die er im wissenschaftlich-technischen Fortschritt repräsentiert sieht. Diese Sphäre faßt Weber mit dem Begriff *Zivilisationsprozeß* zusammen. Von ihm geht jene Schubkraft aus, die die Lebenswelt der Menschen umwälzt (neue *Lebensaggregierung*). Dem Erlebnis einer veränderten Welt sieht Weber schöpferische Persönlichkeiten, die Träger der *Kulturbewegung*, ausgesetzt, die in Reaktion darauf neue *Sinnstrukturen* hervorbringen und so *Zivilisations-* und *Gesellschaftsprozeß* mit neuem Sinn erfüllen („durchtränken“).

Der *Geschichtsprozeß* wird von Weber insgesamt nach einem durch *Sinnproduktion* geleiteten Drei-Sphären-Modell begriffen, bestehend aus *Kulturbewegung*, *Zivilisationsprozeß* und *Gesellschaftsprozeß*.

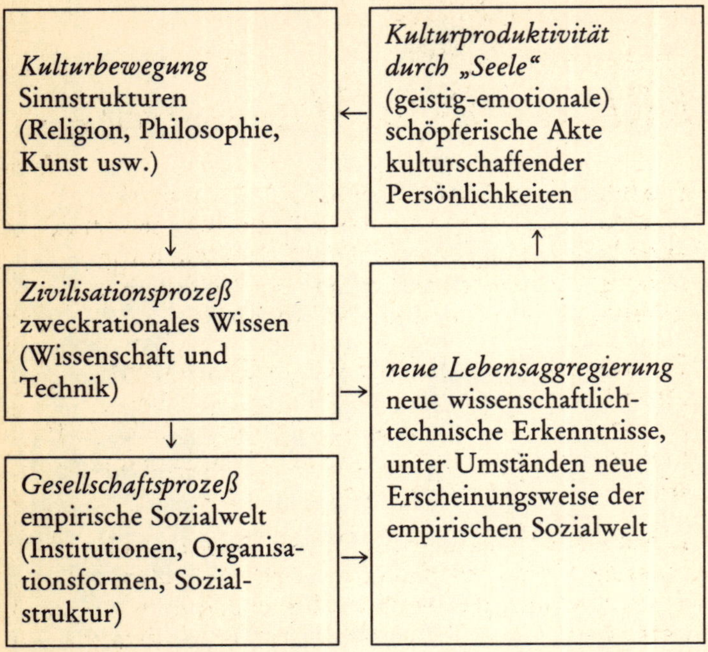

(Die vorstehenden Ausführungen zu Alfred Weber stammen von Erich Klein-Landskron und basieren vor allem auf A. Weber, 1921. Vgl. auch E. Klein, Die Theorie des Subjekts bei Erich Fromm, Frankfurt/New York 1987 (Campus), S. 40f. und 56-63.)

Erich Fromm

SCHRIFTEN AUS DEM NACHLASS

In einer achtbändigen Edition bei Beltz

Band 1
Vom Haben zum Sein

Band 2
Das jüdische Gesetz

Band 3
Die Entdeckung des gesellschaftlichen Unbewußten

Band 4
Ethik und Politik

Band 5
Von der Kunst des Zuhörens

Band 6
Die Pathologie der Normalität

Band 7
Vorlesungen zur Psychoanalyse

Band 8
Humanismus als reale Utopie